INDIVIDUAL ECONOMY

个人经济体

如何抓住时代红利，成就个人财富人生

王万军　罗　叔　彭甜甜

著

SPM 南方传媒 | 广东经济出版社

·广州·

图书在版编目（CIP）数据

个人经济体：如何抓住时代红利，成就个人财富人生 / 王万军，罗叔，彭甜甜著. —广州：广东经济出版社，2023. 1（2023. 2重印）

ISBN 978-7-5454-8571-4

Ⅰ. ①个… Ⅱ. ①王… ②罗… ③彭… Ⅲ. ①个体经济—研究 Ⅳ. ①F014.1

中国版本图书馆CIP数据核字（2022）第214150号

责任编辑：刘亚平　曾常熠
责任技编：陆俊帆
封面设计：毛文君

个人经济体：如何抓住时代红利，成就个人财富人生
GEREN JINGJITI: RUHE ZHUAZHU SHIDAI HONGLI，CHENGJIU GEREN CAIFU RENSHENG

出版人	李　鹏
出　版 发　行	广东经济出版社（广州市环市东路水荫路11号11～12楼）
经　销	全国新华书店
印　刷	广东鹏腾宇文化创新有限公司 （广东省珠海市高新区科技九路88号10栋1-4层）
开　本	889毫米 × 1194毫米　1/32
印　张	11
字　数	215千字
版　次	2023年1月第1版
印　次	2023年2月第2次
书　号	ISBN 978-7-5454-8571-4
定　价	68.00元

图书营销中心地址：广州市环市东路水荫路11号11楼
电话：（020）87393830　邮政编码：510075
如发现印装质量问题，影响阅读，请与本社联系
广东经济出版社常年法律顾问：胡志海律师

目录

绪言

绪言

势不可挡的个人经济体

《哈佛商业评论》曾预言：这是网络个人经济的开始，新经济的单位不是企业，而是个体！

这一观点在当时引起极大的反响和讨论。一方面，出于对财富和成功的渴望，大家对未来可能产生的新机遇跃跃欲试，对个体经济崛起的兴奋和期待溢于言表；另一方面，巨无霸的大公司们仍然把持着人类社会经济活动的命脉，全方位渗透在人们生活的方方面面，彼时讨论新经济的单位是个体显得过于超前。

与人打交道最多的人力资源经理们最先感知到这股个体觉醒的力量。最近两年，大公司的人力资源管理部门与时俱进地将人力资源管理进化到了“5P模式”，5P分别是：People（人才）、

Position（职位）、Payment（薪酬）、Power（赋能），以及IP（个体品牌）。

前面的“4P”都是人力资源管理领域专业、常用的词汇，大家也都耳熟能详，第五个P的出现有些出人意料。很显然，这些大公司的人力资源经理们已经感受到了这股无法忽视的“个人崛起”的力量。他们面对的员工，不再是千人一面、整齐划一的“螺丝钉”，而是更在意个性发展、在意个人品牌化发展的互联网一代。

在个体崛起的时代，很显然，年轻的互联网一代的员工更崇尚每个人都值得拥有能彰显性格和价值的个人IP。

虽然莎士比亚将人描述成“宇宙的精华，万物的主宰”，但是纵观人类发展史，个体从未像如今这样自由、个性。个人的创造力和价值得到了前所未有的重视和放大，优秀的人能获得任何时代都没有的影响力和资源。

个人经济体的崛起到底是异想天开还是大势所趋？近年来，社会经济的发展轨迹和现象给了我们越来越明晰的指引。先把时钟往后拨20年，回顾一下过去发生的事情。

2009年，曾经风行60多个国家、拥有1.3亿读者的《读者文摘》宣布破产。两年后，曾经占有全球2/3胶卷市场的柯达公司申请破产保护。无独有偶，同一年，全球五大唱片公司之一百代唱片（EMI）被花旗集团收购。再两年后，连续14年霸榜全球手机市场销售第一的诺基亚宣布卖身微软……风光一时的巨头纷纷倒在了21世纪初期的门槛上。

从表象上看，巨头的跌倒各有各的问题，但崩塌背后的深层次原因却惊人地一致：倒下的巨头错失了数字化、互联网化、智能化转型的机遇。比如百代唱片，20世纪90年代末期，在中国内地的影响力达到了巅峰，但在互联网的数字音乐模式出现后，其传统优势一去不复返。在时代的洪流面前，错失新机遇的巨头脆弱得不堪一击。

2009年11月11日，淘宝商城（后更名为“天猫”）举办首届网络促销活动，此后发展成每年固定的双十一网络购物狂欢节。就是在这个时期，以阿里巴巴为代表的在线购物平台革掉了众多线下实体店的命。2021年双十一购物狂欢节，天猫平台的销售额高达5403亿元，京东平台的销售额也达到3491亿元。

2011年，被马化腾视为腾讯进入移动互联网站台票的微信诞生，并迅速发展壮大。后来微信在不知不觉中革了移动、联通、电信等运营商巨头的命……企业间打破壁垒，跨界竞争常态化，媒体将这一现象形容为“新世界”在撞击“旧世界”。

这一时期，两种现象已成定局。企业不再像网络购物刚出现时那样激烈地讨论发展线上渠道还是线下渠道，在线渠道已经成为企业发展必不可少的一部分。同时，活跃在各大线上平台的个人经济体开始崭露头角。

2020年新冠肺炎疫情暴发，世界被强行按下暂停键，大量的企业裁员降薪，一批中小微企业破产。在这种大变局下，个体通过互联网，依托直播、社交电商、社群电商等平台，通过内容输出等手段，实现个体就业及创业，并创造出亮眼的财富神话，此时，个人经济体的能量开始集中爆发。

李佳琦作为淘宝头部带货主播，2021年在双十一的预售成交额再创新纪录。其直播间一天的成交额为106.53亿元。这个数据是什么概念？李佳琦在双十一预售一天的成交额，相当于一家成规模的A股上市公司全年的营业收入。2021年，李佳琦的年度净收入高达18.553亿元，相当于一个科创板上市企业的全年总利润。

当全球经济进入后疫情时代，全球市场经济和商业逻辑都在发生巨变，很多意外聚拢为常态的变量，"黑天鹅"成群出现，而黑马也在成群地出现。这些个人经济体取得的经济成绩不断刷新人们的想象。

在大公司们还在忐忑不安地猜测下一个竞争对手是谁时，个人经济体的出现开始逐渐瓦解甚至替代部分公司业务。大象和蚂蚁一起跳舞，这种趋势愈演愈烈。

如果你是个乐观者，相信你已经观察到了一些正在发生的改变。我们的日常生活已经发生了翻天覆地的变化，整个世界越发紧密相连，我们的生活彼此相关、密不可分，商业活动更加便捷地扩散到了全球市场。

是谁在背后主导了这样的变化?

全人类正在进行一次大迁移，从工业时代迁移到互联网时代。毫无疑问，以互联网为代表的新技术给全球政治、经济、社会格局带来全新的变化。

全球预测专家、《第三次工业革命》一书作者杰里米·里夫金认为，物联网将把这个集成世界网络中的所有人和物连接起来，物联网平台的传感器和软件将人力、设备、自然资源、生产线、物流网络、消费习惯、回收流以及经济和社会中的各个方面连接起来，不断为各个节点提供实时的大数据。

移动互联网的普及、网络大数据和云计算的基础搭建，让多样性的需求对接上多个服务个体，实现供需的再次精准匹配。可以说在移动互联网时代，我们每天的工作和生活都和个人经济体密切关联。有人这样形容：在农业化时代以家庭为经济体，在工业化时代以企业为经济体，而在互联网时代以个人为经济体。

超级个人经济体的出现，让传统的社会组织结构发生了变化。以往创造出巨大的财富，需要借助于公司庞大的组织，而在物联网时代，边际成本普遍降低，个体借助物联网技术即可将创造巨大财富变为现实。在物联网时代，平台将取代公司成为商业模式的主流，原来附庸于公司的个人独立出来，转化为个人经济体，公司的组织将逐渐瓦解。个体的价值不再隐匿于公司之后。未来可能更进一步的是，个体创造的价值借助区块链技术，不仅可以精准记录而且可以快速变现。因此，在互联网时代，个体的定位是“独立的经济体”、“超级财富”的创造者。

里夫金甚至预言，在物联网这个21世纪智能基础设施中，通信互联网将与逐渐成熟的能源互联网和物流互联网融合，届时，我们将进入零边际成本的社会，这为个人经济体的进一步崛起提供了广阔的想象空间。

在个人经济体崛起的时代红利当口，一部分人率先觉醒，成为个人经济体中的超级个体。如何抓住时代红利，打造属于自己的超级个人经济体，是每一个个体都应该认真思考的问题。

再小的个人经济体都值得尊重

当我们感叹小杨哥、李佳琦给我们带来购物便利的时候，当我们感叹樊登、罗振宇给我们带来读书便利的时候，当刘润、吴晓波让我们只要戴上耳机就能知晓世界的时候，我们的生活因为这些超级个人经济体而变得更加美好。

2020年以来的新冠肺炎疫情进一步让我们知道，生活的美好，除了眼前的大V，还有身边众多小的个人经济体。根据2020年新冠肺炎疫情防控真实事件改编的电影《中国医生》里，外卖小哥金仔的故事感动了无数人。金仔的人物形象来源于疫情下多个武汉的外卖小哥。影片中，金仔的妻子是一名被感染的孕妇，身处灾难旋涡的他发现了更多需要帮助的人，于是开始疯狂送外卖。因为害怕将危险带给家人，他甚至都不敢回家，只能在寒冷的街头过夜，但没想到的是在妻子和孩子慢慢康复后，他却被感染了，幸好最后一家人都得到了很好的救治。

人们致敬金仔，其实是致敬一个群体——外卖小哥、网约车司机、小卖部老板等，这些不知名的个人经济体，在人类最危难的时候，挺身而出，奔跑在寒冷、萧瑟、四下无人的街头，成为那座停摆城市的摆渡人。他们是特殊时期个人经济体大群体中的一个缩影。

近年来，个人经济体的概念逐渐被大众所认可，不仅诞生了一众顶流大V，还催生了新职业，重新定义了“斜杠青年”，几乎每个人的日常生活都离不开这些个人经济体。

对于个人经济体的定义，很多人的第一反应便是“网红”，认为他们要像李佳琦等大V一般，需要做自媒体、获取流量、形成粉丝效应，拥有较强的个人品牌价值，要在个人财富增长上让人眼前一亮。

但从更为广义的角度来判定个人经济体，应该是将去组织化、去雇主化、去中心化等作为核心评估方向，重点在于强调是否充分调动了个人价值。像跑腿小哥、外卖小哥、滴滴司机、微商、直销员这类新兴职业，都可以被归入个人经济体范畴，他们与平台或公司的关系有别于传统意义上的雇佣关系，更多地是一种类似于合伙人、合作者、利益共同体的关系，他们或许无法像大V一样撬动亿万资产，但却开始定义一种全新的工作方式，打破固有的单位+职工的结构。

以网约车司机为例，他们以驾驶汽车的能力为资本，与滴滴、曹操、T3出行等网约车公司平台达成契约关系。虽然网约车公司会对网约车司机提出相应的KPI考核，但不会像传统公司一般强制占有对方的时间与空间，相较于蹲在CBD格子间里的“打工人”，网约车司机们实际上过着一种类似“斜杠青年”的生活，可以相对自主地选择什么时间、什么地点进行工作。

这种相对灵活的工作方式激活了社会上的潜在劳动力，让类似外卖小哥、网约车司机的新职业从业者，成为连接社会需求的底层架构，这不仅成就了一个个平凡人中的英雄，还形成了中国独有的商业社会生态。

2020年，我国外卖总体订单量达171.2亿单，收外卖成为新开门七件事之一。很难想象，如果某一天没有了外卖、网约车这些服务，我们的生活会陷入怎样的不便。

尤其是新冠肺炎疫情出现后，在社会大生产按下“暂停键”的时候，外卖小哥像城市的毛细血管一样，承担了特殊时期的工作使命，连接起千家万户的物资和情感往来。这期间，越来越多的外卖小哥作为“城市英雄”出现在各大媒体的头条。

在欧美等人口密度低的发达地区，每个家庭日常主要通过驱车前往大型商超购买各类半加工或全加工食品，常见的便是用微波炉、烤箱简单加工就能食用的比萨、肉饼、香肠等，在中国则是跑腿小哥、外卖小哥将各类生活物资送入千家万户，以较高的效率让我们每个人都能吃到新鲜的饭菜、水果，甚至海鲜水产。

只有时代的大V，没有大V的时代。尽管有的时候，人们大部分的注意力被超级个人经济体吸引走了，但真正影响我们生活的，还是分散在我们周围的成千上万小而美的个人经济体。就像大唐的诗坛，既有李白、杜甫、白居易这样的超级明星，也有许多如星星般存在的其他诗人，他们共同造就了大唐诗坛盛世，培育了绚烂多姿的盛唐文化。

几千年过去，历经农业化、工业化以及互联网时代的技术更迭，信息流传递的精度与广度早已不可同日而语，基本上不会辜负任何一个有天分的个体，大到李佳琦这样的超级大V，小到外卖小哥、滴滴司机这样的普通劳动者，他们都将移动互联网作为出圈的杠杆，找到了自身的角色定位。

尽管外卖小哥、滴滴司机很难通过移动互联网去展示自己的思想、理念、个性，从而收获拥趸，但却可以通过互联网平台这一媒介，输出自己的劳动技能，收获一份更为自由的工作方式，在可以相对主动地掌控自己的劳动时间之时，有空间去拓展更多的生活可能性。外卖平台的数据显示，有超过一半的外卖小哥拥有“第二职业”。

很多App、小程序在帮助劳动市场的供需两端实现精准匹配，基本上只要相应的专业技能达标，人们都可以快速实现“灵活就业”。可以说，移动互联网的发展帮助我们绕开了信息壁垒、加速了信息传播速度，为每一个普通人都搭好了舞台，就等着有人上去“发声”。

随着经济多元化和人们需求多元化的发展，未来还将涌现出更多类似外卖小哥、滴滴司机这样被社会广泛认可的新兴职业，让一众相对平凡的个人经济体得到尊重和价值体现。

网络上有许多从中国回去的外国人大呼“生活不习惯”，主要是生活便利差距。而这种便利，主要是由千千万万不知名的个人经济体提供。他们随风潜入夜般浸入我们生活的方方面面，让每个人享受到生活的便利和品质。

人们常说，哪有什么岁月静好，不过是有人替你负重前行；从来就没有从天而降的英雄，只有挺身而出的凡人。生活的美好，除了那些台前的超级个人经济体，更多的是幕后那些不知名的个人经济体，他们或活跃在网络，或生活在直播间，或穿梭在我们身边的大街小巷，为我们制造美好。当我们把鲜花和掌声送给那些超级个人经济体的时候，我们也要把一份尊重送给那些不知名的个人经济体。

再小的个人经济体，都值得尊重。

个人经济体如何基业长青

个人经济体时代，人人想成为超级个人经济体。所谓超级个人经济体，很大程度上还是“超级网红”。一个有趣的现象是：网红时代常青树少之又少。人们看到的现象是：很多人迅速走红，又迅速陨落，曾经吸引万千人眼球的天仙妹妹、凤姐、云南怒江傈僳族小伙等，现在基本消弭于视野，甚至连名字都已经被人们遗忘。

其实超级个人经济体不只出现在当下，古代的范蠡、白圭等都是杰出的个人经济体，更是超级网红个人经济体。范蠡已过世2000多年，为什么仍然被我们景仰，并被尊为“商圣”？

一个根本原因是，当代网红重“术”，而范蠡重“道”。对利用非常规手段快速获取流量、快速变现的网红个人经济体来说，也许一时的成功体量可以超越范蠡，但没有道的底层逻辑，靠术只能红极一时。例如某位靠超级口才和对平台的算法、规则把握，迅速走红成带货一哥的网红，疯狂变现时，什么货都敢带，最出名的就是假燕窝事件，短短两年时间迅速跌落，尽管他如今还在靠叫骂等手段博出位，但带货能力早已江河日下。更有的网红个人经济体，一夜爆红后骤然偃旗息鼓，江湖再难觅踪影。

反观范蠡的经商之道，不仅对当时的春秋列国，而且对后世及至今天都产生了深远的影响。2000多年过去，范蠡诚信经营、知人善任、富行其德的经商之德，至今仍是不少经商之人道德建设追求的目标；其把握市场规律，未雨绸缪，把握供求关系，抓住买卖时机，加快资金流转以及注重经商环境，特别是善于利用价格杠杆进行宏观调控等经商之道，至今仍在我们的经济和商业活动中被广泛应用，不得不令人折服。

“道”分“道德”和“道法”两个层面。范蠡遵循老子之道，以道经商，以商显道，19年里三次散尽千金，没想到几年后又有了巨万之富。范蠡自称“居官致于卿相，治家能致千金”，不求财而财自来，这对于一个白手起家的布衣来说，已经到了极点。

其不求财而财自来之言，体现了道家因循自然、无为而治的高明，足证“天道无亲，常与善人”。个人经济体要基业长青，遵循“道法”很重要。个人经济体中的常青树如罗振宇、吴晓波、樊登等，他们的“道法”便是维持其基业长青的重要原因。

把时间拉回到20年前，那个时候的企业家最喜欢探讨两个话题，一个是企业家精神，另一个是如何做到基业长青。

随后互联网技术铺天盖地地席卷我们的生活，那一批醉心于讨论如何把企业做到基业长青的大人物开始研究如何不被颠覆、如何适应新时代、如何更好地活下去。

而接手“如何基业长青”讨论接力棒的变成了罗振宇、吴晓波、樊登等站上新世界风口的超级个人经济体。为了公司的基业长青，罗振宇甚至雇用了一位“职业杀手”和他一起“杀死”网红罗振宇。

当超级个人经济体开始讨论如何基业长青的话题时，这背后折射出两种现象：一是个人经济体面临着非常广阔的发展前景；二是当前这些发展较快的超级个人经济体在发展中遇到了一些束缚，这些束缚成为他们奔向更广阔天地的绊脚石。比如，市场需求不断增长和个人精力不足的矛盾，个人IP飞速增长但公司总业务腾飞不起来的巨大反差，以及天生的脆弱、抗风险能力差等。因此罗振宇处心积虑地谋划“杀死”网红罗振宇。

随着超级个人经济体的出现，个人经济体如何可持续发展、如何基业长青成为频繁被提及的商业话题。

首先，个人经济体要想可持续发展，时刻保持进化能力是必不可少的。

达尔文在1859年出版的《物种起源》一书中系统地阐述了进化学说：生物是进化的，自然选择是生物进化的动力。而这套理论同样适用于个人经济体的发展——“物竞天择，适者生存”。在这个充满不确定性的时代，谁是下一个颠覆者，谁是竞争对手，谁是革命者，没有人能够清楚地知道。因此，个人经济体要时刻保持警惕，像变形虫一样活着，变形虫最大的特点是能够随外界环境的变化而变化，不断地进行自我调整以适应所面临的生存环境。这种生物由于其极强的适应能力，在地球上存在了几十亿年，是地球上最古老、最具生命力和延续性的生物体。

比较好的现实案例就是“宇宙第一博主”Chiara Ferragni，她靠TBS①走红，在Instagram横空出世后，迅速转战Instagram，并根据新平台的玩法和游戏规则，组织团队投入专属资源打造和TBS完全不同的产品。随着环境的变化，保持进化能力是Chiara连续13年拥有庞大流量的秘诀。

其次，过去组织化大生产中的成熟经验依然值得借鉴。《连线》杂志创始主编凯文·凯利曾经对未来提出过12个趋势性的预言，其中第五个趋势就是重混（Remixing）。他认为，大多数创新都是现有事物的重组。如今的商业世界已经从传统的“分工时代”进入

① TBS是The Blonde Salad的简称，是Chiara于2019年开通的个人博客，详情详见第一章第一节相关内容。

了“合工时代”，跨界随时发生，一个领域的资源跨界与另一个领域的资源重新组合，就可能产生意想不到的效果。比如，以线上社群营销起家、以知识付费为主营业务的樊登，借鉴了宝洁渠道下沉的营销经验，迅速将知识付费产品推向了更广阔的市场，短短几年创造了十几亿元的收益。

因此，向组织化大生产取经，向组织化转型，是超级个人经济体现阶段保持可持续发展势头、通往基业长青之路最行之有效的方法。但是个人经济体的组织化和传统公司的组织化有着明显的区别，个人经济体的组织化是数字化时代的组织化，拥有赋能、协作、价值共生等特征。

过去传统企业组织僵化的大部分原因是根据分工，各自为政，但数字化的组织往往最先打破的就是这些人为竖起的“篱笆”。以“凯叔讲故事”为例，他们的内容创作团队按照需要，组成了相对固定的12个工作室，单个工作室大的有28人，小的初期只有一个人，所有人在发挥自身专业能力的同时，更多的是协作状态。

从另一个角度看，个人经济体是将阿米巴模式贯彻得最彻底的。阿米巴模式由管理大师稻盛和夫提出，最大的特点是自行制定目标，让第一线的每一位员工都成为主角，主动参与经营，进而实现“全员参与经营”。

畅想一下，如果这种协作方式形成规模化，让成千上万乃至几十亿的人以协作的方式进行互动和创作，那种力量将是不可想象的。未来，随着区块链技术的发展，每个人创造的价值都可以被量化出来，并且得到精准记录和随时兑现，个体的能动性将被更大程度地激活。

最后，保持连接，未来商业制胜的核心在于“精”和“准”。

世界充满不确定性，市场正让步于网络，所有权正变得没有接入重要。所以说，保持接入，保持深度连接，在未来变得更加重要。

技术的发展使得我们所把握的商业要素颗粒度越来越小，我们正在进入“颗粒度经济”时代，因此要从根本逻辑上抛弃过去一味做大的惯性，转向做深、做透。这一点对任何群体都适用，未来制胜的核心在于“精”和“准”，而个人经济体在这一方面有着天然的发展优势。

个人经济体未来的路还很长，很多宝贵的经验还有待于探索和挖掘。最后用凯文·凯利一句振奋人心的预言结束本文：我们看过去，认为过去是好的创业时机，同样，未来也是最好的时候，我们也处于最好的创业时代，因为我们还处在一个起点的时代。世界上最伟大的东西，现在还没有被发明出来，也就是说，从现在开始，为时未晚。

第一章

流量带货：网红个人经济体的狂欢

第一节

看“宇宙第一博主”如何点“粉”成金

有人爱我，有人恨我，但他们都关注我。

——Chiara Ferragni

想象一下，当你在社交平台上坐拥千万粉丝，当你生活的一帧一画时刻被关注，数十秒的生活记录就可以得到成千上万的点赞，当你日常动态下的评论多到目不暇接，当你拿起了这块“注意力经济”的敲门砖，要如何将这股受众的注意力转化成商业价值?

从初代网红，到拥有千万粉丝的时尚博主，再到成熟的个人经济体，坐拥数亿元人民币身家，多条时尚产品线的Chiara Ferragni，称得上是世界级网红转型的标杆，也是流量型个人经济体商业化的成功楷模。

“宇宙第一博主”的注意力经济

Chiara Ferragni和女儿穿的粉色母女装，亮相不到一天，就在品牌官网上被抢得一件不剩。

“欢迎我们的小公主！”时尚博主Chiara Ferragni生二胎时兴奋地在社交平台上发布了这样一条动态。帖子发布之后，她收获了430万个点赞，粉丝们在评论区留下了14万多条祝福。照片里Chiara Ferragni和女儿穿着同品牌的粉色母女装，这套粉色母女装亮相不到一天，就在品牌官网上被抢得一件不剩。

这就是13年来依然保持超高人气的初代网红的魅力。

在Instagram上拥有近3000万粉丝的Chiara Ferragni是时尚博主的天花板，她创造了多个第一：第一个登上*Vogue*封面的时尚博主；第一个被哈佛商学院邀请演讲并写进教学案例的网红；第一个在35岁前两次上榜福布斯的“宇宙第一博主”。

Chiara Ferragni于1987年出生在意大利的克雷莫纳，父亲是意大利著名牙医，母亲是一位作家。Chiara是个名副其实的时尚圈“创一代”，作为初代网红，她的“捞粉”之路是从自媒体时代的原点——博客开始的。

“今天，你需要一只手去把握时尚的脉搏，另一只手放在你的电脑鼠标上，去阅读或书写最新的博客内容。”时尚新闻记者Karen Kay的这句话很好地诠释了初代时尚网红诞生的起源。

在20世纪初，以文字为主的博客是初代网红诞生的摇篮，网红通过BBS发帖，网民争先恐后地“坐沙发”“抢楼”。2009年，22岁的Chiara嗅到了时代风口的机会，花10美元开通了个人博客“The Blonde Salad”（以下简称“TBS”），开始分享自己的日常穿搭，并且贴心地写了英文和意大利文两个不同的版本。在那之前，她只是一个爱美的法律系学生，喜欢用妈妈的奢侈品包包搭配乡土气息的衣服。

“在当时，我们认为开创一个具有个人风格的时尚博客是值得一试的商机。”Chiara和当时的男友Riccardo一起经营TBS，博客的内容围绕时尚、摄影、旅行和Chiara的个人生活展开。为了能够吸引更多的粉丝，Chiara每天上午9点固定发帖，而Riccardo则负责研究和分析博客的内容应该怎么运营，仅仅一个月，TBS的日访问量就已高达3万次。

2010年，Instagram横空出世，仅一周就拥有了10万注册用户，迅速成为年轻用户集聚的新阵地。在TBS上已经小有成就的Chiara没有故步自封，她很快建立了自己的Instagram。Instagram相较于Facebook、Twitter、Pinteres和Blog更容易操作，用户用手机几秒钟就能看到很多图片。

阵地虽然变了，但是Chiara运营的底层逻辑没有变，Instagram的火热甚至进一步印证了Chiara当初打造TBS时的想法：粉丝们想要关注不一样的时尚内容，这些内容不是来自专业的时尚圈人士，而是来自更加普通真实的个体。这次转型非常成功，Chiara在Instagram上迅速获得了几千万的关注。自2013年以来，Chiara一直被列入“时尚行业500名最有影响力的时尚人士”榜单。

此后，Chiara就像开了挂一样，各种商业模式玩得风生水起。2021年，Chiara跻身全球收入最高的博主之列。FounderJar报告显示，Chiara每月入账收入高达25万美元。如同Chiara自己说的那样：“有人爱我，有人恨我，但他们都关注我。”可以说，Chiara靠吸粉养流量实现了影响力和财富的双丰收，成为时尚网红的鼻祖，将注意力经济的优势发挥得淋漓尽致。

13年长盛不衰的秘诀

作为初代网红，Chiara对流量的狩猎有着自己清晰的Y/N决策树：拒绝任何与Chiara“时尚网红”品牌定位相悖的决定，接受并利用一切最新的工具与趋势。

在“花无百日红”的时尚圈，在成为网红的第十三个年头，时尚女王Chiara Ferragni丝毫没有流量焦虑感，她稳坐“宇宙第一博主”的宝座。

Chiara凭什么13年长盛不衰，她有哪些秘诀？

其实，所有的成功都是有迹可寻的，通过复盘，我们发现了Chiara保持13年长盛不衰的两个关键点。

关键点一：聚焦时尚定位，打造旗帜鲜明的个人IP标签

在Chiara“处心积虑”的圈粉路上，有这样一个小故事。在TBS爆火之初，意大利一档很火的电视节目邀请Chiara担任节目点评嘉宾。在公众媒体上的露脸显然能够让刚刚起步的个人网红拥有更多的曝光量。不得不说，这个机会十分诱人，然而思索再三后，Chiara还是说了“不”。

很多人会问：为什么？Chiara对自己的定位有着非常清晰的认识：要成为时尚界的一员，而不是演艺界的一员。在当时，拒绝电视节目的邀约显然是一个艰难的决定，但是透过这个决定，我们可以看到Chiara深耕时尚垂直领域的决心。

在TBS上的流量起来之后，Chiara没有盲目地行动，而是专注地打造属于自己的时尚资产和个人IP标签。

在TBS创立早期，Chiara和知名品牌的合作往往以0预算的形式展开，宁可免费，也要选择与在时尚界举足轻重的人和品牌合作，她因此拒绝了许多主动递来橄榄枝的公司。2011年，Chiara创立了TBS Crew，那时她博客的日访问量达到了7万次，博客上也出现了不少奢侈品品牌的身影。

也是在这个阶段，Chiara真正地建立起了自己的个人时尚标签。2011年，著名的《纽约杂志》将她评为“年度最具突破的街头明星之一”。

香奈儿欧洲地区时尚总监Pierre Yves Wecxsteen谈到品牌形象时，曾说过一句很重要的话：“永不妥协！你可以不断设定品牌形象，但最重要的是，你要知道品牌的底线，一旦越线，就会失去它的灵魂。”

Chiara也深谙这个道理。不管是个人品牌还是产品品牌的经营，归根结底道理是一样的。作为初代网红，Chiara对流量的狩猎有着自己清晰的Y/N决策树——拒绝任何与Chiara“时尚网红”品牌定位相悖的决定，接受并利用一切最新的工具与趋势。这也是Chiara“流量稳定”的关键。

关键点二：紧跟风口变化，培养进化能力

Chiara虽然不会背“春江水暖鸭先知”，但她对“追风口”有着超强的嗅觉。持续火了13年的Chiara之所以拥有穿越周期的庞大流量，离不开她在互联网平台流量大迁移中展现出的前瞻性。我们都知道，网红的生命力具有非常强的阶段性与平台依附性。不同平台有不同的玩法、受众和定位，能否找到合适的平台、能否跟着平台的变迁而变化是网红存活、发展的关键。

2010年，Instagram横空出世，并迅速覆盖50多个国家，建立了700多个网络社区。Chiara闻声而动，迅速转战Instagram。很快，Chiara发现TBS和Instagram的玩法不一样，如果单纯地将TBS上的内容照搬肯定是行不通的，她立马组建团队、投入专属资源，为Instagram打造与TBS完全不同的产品。

与博客时代不同，Instagram能够与粉丝产生更强的黏性，Instagram上的粉丝转化价值也更高。意识到这一点的Chiara，开始打出重要一击——公域流量私域化。私域流量，用吴晓波的定

义，是指商户能够随时触达，进行直接沟通与管理的流量。在发现Instagram能够快速吸引粉丝后，Chiara开始在Instagram上分享每日搭配和活动行程，并与粉丝密切互动，建立起自己的专属粉丝群体。

许多人会问，在积攒了一定的私域粉丝流量之后，如何稳定巩固流量？单纯通过线上的照片和故事去维持粉丝群，很难降低粉丝流失率，线下的活动成了“稳流”的一大秘诀。Chiara团队会定期举行各式各样与粉丝互动的线下活动，让这些关注者成为能够被接触到并留存下来的目标客户群体。

如今Instagram拥有超过12亿的月度活跃用户，成为各路时尚弄潮儿聚集的社交媒体平台。Instagram崛起的时期成了许多时尚博主发展的分水岭，以Instagram为阵地的一大批新时尚博主如雨后春笋般涌现，而仍然用文字形式传播内容的网红开始慢慢“消失”在公众的视野中。

学者亚历山大·罗斯（Alexander Rose）提出的“次时代危机”这样表述：新事物在刚刚出现时，往往能够享受舞台上的全部荣光，而它真正的危机往往出现在“次时代”，也就是诞生之后的下一个危机。

因此，许多BBS时代的红人，在进入微博时代之后销声匿迹了，就好比很多因微信公众号而火起来的大V，在短视频、直播兴起后便玩不转了。新兴载体的每一代创作者都可能具有独有的“荣光时刻”，从博客到图文微博、公众号，再到短视频，每一次的平台变迁都会带来新的一批突围者，同理也有一大批原来的创作者无法应对流量变迁的挑战而归于沉寂，这就是每个网红都需要直面的次时代危机。显然，Chiara是跟上平台变迁、抓住平台流量周期变化机会的成功者。

用企业家思维打造个人经济体

> Chiara一直用企业家的思维打造着个人经济体，像做企业一样做自己的品牌。

“我总是把自己形容成一位企业家。”Chiara Ferragni 曾这样自我形容，很显然，她并不满足于“宇宙第一博主”和“网红”的头衔。

实际上，Chiara一直用企业家的思维打造着个人经济体，像做企业一样做自己的品牌。不管是前期的清晰定位、精准“捞粉”、有选择地商业变现，还是后期的自创个人品牌，Chiara的头脑一直都很清醒，她用尽一切可利用的资源，最大限度地发挥注意力经济的优势，不做昙花一现的网红。

在TBS阶段，随着知名度的提高，Chiara雇用了数字营销中介改造网站和手机版本；和一家卖广告的公司Publikompass合作，Dior就是通过这家公司找到她合作的；和时尚中介机构RewardStyle（连接博主与时尚品牌的平台）合作……通过一些新型的植入式广告和联盟营销计划模式，选择与Chiara个人品牌和形象符合的品牌合作。

当年在TBS上的爆火让Chiara猝不及防，她不得不去想：作为一个时尚界的“草根新人”，流量来了之后要怎样避免昙花一现？

Chiara选择了放长线钓大鱼。现在许多流量型个人经济体最常走也最希望实现的路径是——通过积攒流量吸引广告商，最终通过商业推广实现流量变现。在Web3.0时代，许多个人经济体选择通过成为网红，变身商品“导购”，然后在不知不觉间为粉丝“种草”。然而，这样的商业逻辑过于露骨，以至于许多网红的满屏广告让用户心生厌恶，导致疯狂“掉粉”，迅速成为明日黄花。

十几年前的Chiara早早地看到了单刀直入“带货”的弊端，她深知，消费粉丝忠诚度的确能够带来短期的商业利益，但是这样的模式无法长久，只有真正变身品牌的创立人，成为一个IP符号，才能让流量真正沉积下来，完成整个价值链条的勾勒。

在将动态分享阵地转移向Instagram后，2013年Chiara决定将原来的TBS变成一本电子杂志，并投资组建了一个专业的博客编辑、传播团队，加强The Blonde Salad品牌和Chiara个人形象的打造。

2016年，TBS已经被拓展成一个完整的生活方式网站和电商平台，出售国际品牌的限量版商品。同年，Chiara又将TBS拓展为艺人经纪公司，旗下签约了4名网红和艺术家。发展至2017年，TBS Crew集团的业务已经清晰地分为三个部分：艺人经纪、TBS网站运营以及数字创意制作。当年，TBS Crew集团的收入达600万欧元，比2016年增长82.5%，其中代理经纪部门贡献了90%的收入。

几年前，一个搭配着亮片"睁一只眼闭一只眼"图案的手机壳和短袖T恤在淘宝上红极一时。这个靠著名的"眼睛"标志出圈的品牌就是来自Chiara Ferragni的个人品牌"Chiara Ferragni"。

2013年，Chiara和Riccardo及投资人创立了一家新公司Chiara Ferragni Collection，生产销售鞋履，Ferragni系列的鞋子在头5个月创下50万欧元的收入，2014年销售额增加到400万欧元。他们生产的鞋子不仅在线上销售，还在25个国家的200家商店里售卖，是最早进行线下布局的网红品牌。到2016年底，Chiara Ferragni Collection年销售额达1000万欧元。时尚博主Chiara摇身一变，成了拥有自有品牌和多元业务的集团老板。

2017年，Chiara在米兰开设了她的第一家Chiara Ferragni Collection商店。直至今日，Chiara的时尚商业帝国版图仍在扩张。Chiara Ferragni品牌已从最初的鞋履销售拓展到服装、配饰和童装等多个领域，在全球拥有11家旗舰店和300多个零售合作商。

2019年，Chiara与Manuele Mameli共同打造了Beauty Bites大师

课，关于Chiara的纪录片*Chiara Ferragni Unposted*也在威尼斯电影院首映，在意大利电影院上映三天有超过16万人观看。

如今，Chiara Ferragni和她的The Blonde Salad、Chiara Ferragni Collection成了传奇，“宇宙第一博主”的注意力经济仍在进行。Chiara的商业模式对于每一位网红来说，都是一条可借鉴的成长路径。

第二节

罗永浩：靠流量写“真还传”的真男人

这么多年，罗永浩玩过网站，做过手机，搞过社交，甚至投资过电子烟，都以屡战屡败收场，甚至背上了6亿元的债务。可能罗永浩自己也没想到，被戏称为“行业冥灯”的他，竟然在直播电商的风口中，靠着强大的流量，不仅3年还清债务，上演了一出让人津津乐道的“真还传”，还迎来了全新的人生高光时刻，开启了新的事业篇章。

为“还债”勇闯直播江湖

虽然创业屡屡失败，但罗永浩依然拥有中国“第一代网红”的强大流量和对直男群体的致命吸引力。

十几年前，在新东方的讲台上，一个胖子对着台下问：“我叫罗永浩，你们听说过吗？”台下的人以一句整齐划一的“没有”回复了他。

十几年后，这个胖子戴上了眼镜，走进抖音直播间。从新东方的讲台到直播间，这一次，他不再担心没有人知道他是谁——因为罗永浩的IP早已名声在外。

2020年愚人节晚上，一心想“交个朋友”的罗永浩在直播间拿着一支中性笔，嘴里不停地念叨：“买它、买它、买它！”不一会儿，直播间便涌进了200多万观众，洗面奶、充电宝、扫地机器人、AI录音笔……五花八门的商品纷纷上架。根据罗永浩团队提供的数据，这场持续了3个多小时的直播共卖出90万件货品，销售额达1.7亿元，创下当时抖音平台最高带货纪录。

罗永浩的直播故事，要从一份报告说起。有一天，罗永浩看到一篇著名的调研报告：《直播电商三国杀，从“猫拼狗”到“猫快斗”——新零售研究之直播电商系列》，这份报告对直播电商行业进行了详细的研究分析，债务缠身的罗永浩从中嗅到了商机。

当时的大环境是这样的：2019年淘宝双十一以超200亿元的直播带货量拉开了电商直播变现的序幕，随着新冠肺炎疫情暴发，直播成为新的商业风口。

直播江湖中，“流量”是硬通货。罗永浩一个搞过创业、卖过科技产品、出过书、开过发布会的“真”男人，自称是“硕果仅存的中国第一代网红”，确实拥有一批追随他的铁杆粉丝。虽然创业屡屡失败，但罗永浩依然拥有中国第一代网红的强大流量和对直男群体的致命吸引力。

而罗永浩也很清楚，这么多年卖情怀、攒粉丝累积下来的个人IP影响力，是他搞直播电商的底牌。

“虽然我不适合卖口红，但相信能在很多商品的品类里做到带货一哥。”2020年3月18日下午，拥有1600多万粉丝的罗永浩发布了这样一条微博，宣布正式进军直播行业。在公布消息之余，深谙营销之道的罗永浩还不忘吊一下粉丝们的胃口：“如果你从来没在直播电商买过东西，那是因为你没看过我们做的。即使你什么都不想买，来看的时候也不会失望，因为，你懂的……”

在罗永浩高调宣布进军直播带货后的6个小时内，他的邮箱就收到了上千封合作邮件，各路大V也纷纷跑到罗永浩的微博下留言互动。

罗永浩在抖音上的第一次“带货直播”，一举奠定了他抖音带货一哥的地位。在这场直播中，虽然出现了网络卡顿、画面模糊、带货业务不熟练等诸多槽点，但依然阻碍不了4800多万观众的热情，以过亿的销售额为罗永浩的首播画上辉煌的句点。

罗永浩曾坦言，他做直播带货就是为了赚钱还债。他首次直播一个坑位的“坑位费”达60万元，23款产品光坑位费就有1380万元，再加上提成佣金、打赏，当晚罗永浩进账超2700万元。

抖音直播的“罗氏解法”

中国网红千千万，为什么是罗永浩成功打响了抖音直播的第一枪？罗永浩的成功绝不是偶然事件，其背后有一套针对抖音直播制定的“罗氏解法”。

直播带货一年，罗永浩卖出了1800万件商品，带货销售额超30

亿元，累计观看人数超6亿次。那景象真是一派烈火烹油、鲜花着锦，人们似乎忘了，一年前的罗永浩还是个背负着6亿元债务、被100多个官司缠身的失败者。

2020年9月，在《脱口秀大会》总决赛上，罗永浩右手紧握拳头，宣布6亿元债务已经还了4亿元。这出“真还传”让罗永浩再次成为“英雄”“真男人”。

中国网红千千万，为什么是罗永浩成功打响了抖音直播的第一枪？

首先，罗永浩自带的流量加持是最显性的因素。从流量来说，罗永浩的话题热度与关注度长期居高不下，仅罗永浩微博就有1600多万粉丝。庞大的粉丝群体是罗永浩“交个朋友直播间”被送出圈的主要因素，但绝对不是罗永浩直播做了一年还持续红火的首要因素。

罗永浩在抖音直播的一炮打响绝对不是偶然，其背后有一套针对抖音直播制定的“罗氏解法”。

罗氏解法第一招：补齐短板，直戳痛点

与淘宝、京东等电商平台的直播逻辑不同，抖音在带货之初，好卖的产品往往都是“网红货”，而不是像电商平台产品一样依托于

产品体系及好评率的“大牌货”。这样的带货差异，导致抖音直播带货的产品质量问题往往比电商平台上的产品质量问题更突出。看到这一问题的罗永浩和“交个朋友”团队开始针对抖音直播卖货的痛点找对策，最终决定花心思在产品供应链上做文章。

罗永浩直播的背后，组建了一个300人规模的供应链团队。在核心供应链上，罗永浩团队根据罗永浩的IP标签，重点推卖如手机、五粮液等以家庭为场景、适合男性消费的爆款产品，为的就是将某些爆品做到只能在自己的直播间卖，或是掌握价格的绝对优势，这在当时的抖音直播界独树一帜。而在选品供应链上，罗永浩团队提升了选品标准，向后端工厂要质量。

罗氏解法第二招：快速卡位，借力助跑

如果说罗永浩和他的团队是人和，那么抖音平台的扶持便是不可或缺的地利。在罗永浩决定下场直播的2020年，各大直播平台都有自己的头部主播：淘宝有李佳琦，快手有辛巴，唯独抖音急需一位扛大旗的标杆主播。

正如前文所提到的，在开始做电商带货时，抖音的退货率居高不下，支付上也缺乏保障，虽然手握巨大的流量池，却无法顺畅变现。此时的抖音，急需一位立得住人设的主播来扛大旗，身披理想

主义者战袍的罗永浩成为最佳选择。

站在罗永浩的角度，他对自己的人设非常有底气。在接受新浪科技的采访时，他将身边人的追随、粉丝的忠诚度，归因于自己的人品以及身上的“少年感”。与“柜哥”出身的李佳琦不同，罗永浩的人设无法匹配淘宝直播服务销售的属性，也不适合快手野蛮江湖气的设定。于是，抖音和罗永浩的互选逻辑在此刻一拍即合。

坊间传闻，在罗永浩决定下场直播之初，抖音曾豪掷6000万元作为罗永浩的入驻费，还为罗永浩倾斜了大量的流量加持，让罗永浩的抖音粉丝6天内从0涨到了500万。在双方的一拍即合之下，罗永浩吃到了抖音的第一波直播红利，而抖音也由此拥有了自己的头部主播。

罗氏解法第三招：精准定位，拼差异化

罗永浩的粉丝画像以男性为主，与其他头部主播存在明显的差异。因此，在带货方向上，罗永浩的选品比较偏3C电子、生活家居等产品。

在直播风口“天时”之下，罗永浩这个身贴多重标签的中年胖子，乘上直播带货的东风，摇身一变成为直播顶流。

直播间外的私域野心

罗永浩的野心远远不止在直播间。对罗永浩来说，公域流量是他的起点，而“建设自己的私域流量池”才是最终目标。

就在大家以为罗永浩会以主播的身份继续撸起袖子加油干时，这个热爱追梦的男人再一次转头“挥一挥衣袖，不带走一片云彩”。2022年6月12日，罗永浩在微博上宣布：“明天我就正式退出微博和所有的社交平台。”如今在微博和抖音上搜索“罗永浩”，自动跳出来的是“交个朋友直播间”。

这是一场有预谋的退出。如今，除了每周的罗永浩固定直播时间外，其余时间的直播均由旗下矩阵主播轮番坐镇。踏入抖音一周年时，他新开了“老罗和他的朋友们聊天室”，与蔡康永、李诞、杨笠、呼兰等几位脱口秀名人连麦聊情感问题，引流新观众，提升女性用户比例。

身处抖音这个日活超6亿的巨大流量池里，罗永浩决定，要把朋友交得更多、更广。如今“交个朋友直播间”签约了李诞、杜海涛、戚薇、吉克隽逸，主持人李晨等，加上外部签约的红人张大琪、安甜等，内部孵化的朱萧木、黄贺、李正等，共签约了20多个主播。

其实，罗永浩的野心远远不止在直播间。对罗永浩来说，公域流量是他的起点，是他打造个人品牌的阵地，而他的最终目标是建设自己的私域流量池。

以“交个朋友直播间”为主阵地，罗永浩在微信生态中做起了私域运营，从抖音和微信两个头部平台中捕捉流量，然后在私域池里进行裂变式增长变现。

从罗永浩在微信端的裂变路径看，他通过各类0元包邮的奖品海报，吸引用户扫码添加企业微信。一方面，在添加企业微信之后，企业微信账号会引导用户进入“交个朋友”官方微信群，在这个群里，不仅可以告知用户售后问题的常见处理方式，还能够引导用户自己解决问题，从而反哺直播间，减少售后工作。另一方面，用户在获取海报之后，还需要转发至朋友圈或社群，邀请好友为自己助力，从而引发新的一轮社交转发裂变。

通过这样一轮裂变玩法，罗永浩团队可以将用户沉淀在企业微信中，方便后期触达，同时又通过企业微信群的批量运营，实现后期的变现转化。

在粉丝群搭建完成后，罗永浩团队每天会在群内发布“交个朋友”公众号的文章，提前预告当日抖音直播的内容以及优惠力度。这样的路径，看似是让用户通过关注公众号及时了解直播间的内容动态，实际上则是醉翁之意不在酒，将目标用户圈进自己的私域流量池中才是主要目的。

很多人会问，像罗永浩这样的红人，已经在各大平台有千万级粉丝量，既然已经自带流量，为何还要专门设置团队做私域呢？目前来看主要原因有三个：平衡与平台的关系、提升主播转化率，以及增加粉丝的黏性。

如果说明星靠的是资本和粉丝，那么，主播最为依赖的是平台。然而，随着直播从蓝海变为红海，公域流量越来越贵，流量池不断被几大平台瓜分，再强大的主播也无法抵御一茬茬新晋主播和水涨船高的流量价格。诸雄割据，谁先圈住属于自己的流量，谁就更有机会成为未来的赢家。

润米咨询创始人刘润这样形容公域与私域之间的关系：公域流量负责拉新，私域流量负责留存，公域和私域是不可分割的，应该相互依托。

在私域运营上，“交个朋友”团队根据直播间的产品类型和用户需求，划分出酒水、科技、旅行、美妆等七个不同领域的垂直直播群，精准区分不同的消费人群，留住忠实粉丝。在这些垂直群中，“交个朋友”团队又筛选出一批意向强烈、愿意参与活动的用户转移到点赞群里，为他们提供更加优质的服务。这样的运营模式，一方面提高了直播间的曝光率，促进直播间的交易转化；另一方面对于参与点赞等互动活动意向高的客户，从某种意义上来说也是对罗永浩及其团队认可度高的用户，点赞群也能够有效提高这批用户的转化率和促进拉新。

在2020年7月举办的巨量引擎夏季峰会上，抖音分享过两个相关数据：在抖音直播中，一些做得比较好的直播间，粉丝占比达40%左右，直播间内粉丝的电商转化率比非粉丝高15倍以上。把公域流量导入私域运营之后，粉丝会出于对主播的信任而提升黏性，也会因为在私域社群中对主播的关注度增加而提升转化率。对于一个销量“抗打”的主播来说，私域流量的用户占比往往高于公域流量的用户，这些用户的下单比例往往也更高。

从罗永浩的运营模式可以看出，直播顶流往往都是私域流量运营的高手，他们擅长把公域流量与私域流量相结合，以高交互性、高黏性让粉丝变成长期客户。对于罗永浩这样的顶流主播来说，私域更像是一个培养粉丝忠诚度的集合地，这里不仅能够成为他们与平台、资本博弈的筹码，也能够让他们拥有更强势的议价权，还能够在私域平台中将C端粉丝流量牢牢掌握在自己手中，沉淀成带有明显个人标签的数字化资产。

第三节

疯狂小杨哥：粉丝超刘德华矩阵超樊登的流量帝国

说起抖音“第一网红”，你会想到谁？如今抖音粉丝TOP1，不是刘德华，不是刘畊宏，而是一个“95后”的农村小伙——疯狂小杨哥。

2022年3月底，搞笑剧情达人疯狂小杨哥超越刘德华，成为粉丝量TOP1的抖音网红。截至9月5日，疯狂小杨哥的抖音账号已有7.9亿个赞、9395.6万粉丝。在抖音上，粉丝量排名第二的是刘德华，拥有7718.3万粉丝。对比之下，疯狂小杨哥的粉丝比刘德华还多了1677万多。

“疯狂小杨哥”也成了抖音上唯一一个粉丝量逼近1亿的达人账号。这也意味着，在14亿中国人民中，每14个人里就有1个人是小杨哥的粉丝。在这样的关注度加持下，小杨哥的带货直播间也常常力压东方甄选等直播间，稳坐带货王的头把交椅。

身为全网广告报价最高的网红，疯狂小杨哥的单条报价是60万元，如此高昂的广告报价，小杨哥还接到了120多条广告。疯狂小杨哥到底有什么魔力？他成功的秘诀是什么？他的经验是否可以复制？相信这是每一个流量型个人经济体都想知道的答案。

靠搞笑视频聚流的草根逆袭

搞笑视频不只是浅层的感官刺激，小杨哥视频中的内容节奏才是他的视频火爆的关键。大量的反转，3秒一个笑点，8秒一个爽点，15秒一个反转，粉丝看视频的情绪就像坐过山车一样跌宕起伏。

20世纪90年代，安徽六安的一个村子里，两个男孩呱呱坠地，困于生计，他们的父母选择了外出打工，年幼的兄弟俩跟着年迈的爷爷奶奶在乡下长大。初中时，学校的早饭要一块钱，对兄弟俩来说有点贵，于是每天凌晨5点，兄弟俩早早就起床煮粥，然后蹬上自行车去学校上课，就这样早起、煮饭、蹬车，兄弟俩硬生生省下了三年的早饭钱。

2022年8月到9月一个月内，这兄弟俩开了10场抖音直播，卖出了3.56亿元货品，不算坑位费，不算音浪收入，光按10%的直播提成佣金来算，兄弟俩就有超过3000万元的进账。当年连一块钱的早餐都舍不得吃的兄弟俩，如今一个月赚的钱，就足够当年的他们吃上

10万年。

这样的对比，是不是很有冲击力？农村小伙、顶流网红、一夜暴富，这样的故事并非虚构，而是发生在我们身边的鲜活案例。

故事要从2015年讲起。那一年，小杨哥注册了“疯狂小杨哥”的短视频平台账号，开始上传其创作的搞笑视频。“炸墨水”是小杨哥第一条火遍全网的短视频。当时还在上大学的小杨哥和室友在寝室阳台上炸墨水，逃跑时意外发现被室友关在了阳台上，炸得小杨哥满脸墨水，气急败坏之下口吐芬芳，这也是他第一次对全网展现自己的搞笑天赋。

截至2022年9月5日，小杨哥的抖音账号上发布了119条作品，基本是整蛊、作死、反套路。他第一条超过300万赞的视频内容是：小杨哥半夜不睡觉打游戏，大杨哥偷偷打小报告，小杨哥随即被杨爸皮带“伺候”。随着这条视频的爆火，小杨哥似乎找到了流量密码。从那以后，“网瘾少年”的戏码频频上演，假传情报、关掉电闸是大杨哥的标准操作，超大拳击手套、巨型饭勺等奇葩道具更是成了杨爸杨妈的专属“武器”，让粉丝们印象深刻。

“网瘾少年受难记”演够了，小杨哥把整蛊搞笑的剧情拓展到其他家庭成员角色上，相继增加了“老弟的绝望周末”“老爸和老弟”“暴力老妈”等话题内容。随着新人物的加入，小杨哥的视频内容越来越丰富，剧情中的人物形象也更加立体，各种关系之间的交锋碰撞给视频留下了极大的创作空间，视频的张力也因此被无限放大。2019年8月之后，小杨哥的点赞、评论直线上升，视频的播放量也从原来的高低不定到稳定在百万以上。

从视频类别来说，在抖音、快手等短视频平台上，搞笑类短视频是最火的主题之一。很多用户打开短视频软件，主要是为了娱乐消遣、缓解压力，因此，趣味搞笑类的短视频往往流量较高，容易出爆款。但是在大量的搞笑博主中，能够持续创作、持续有热度的并不多。公开数据显示，在抖音热度排行榜前100的素人中，能够火半年以上的搞笑网红只有疯产姐妹和疯狂小杨哥，然而就在2022年8月，疯产姐妹对外宣布解散。

不得不说，小杨哥是一个把搞笑玩明白了的博主。在小杨哥的账号中，视频播放量超过1亿的内容比比皆是。很多人会问，疯狂小杨哥的视频内容究竟有何吸引人的亮点?

首先，在表现力上，小杨哥以周星驰式不顾形象的搞笑表演吸引了众多流量，比人还高的勺子、比头还大的杯子等夸张道具成了视频中独特的“杨氏符号”。视频剧情中“最高地位暴力老妈”“网瘾爸爸”“爱搞事的大杨哥”“被全家集中火力攻击的小杨哥”等丰富的人物设定，与大部分家庭的组合接近，让许多粉丝会心一笑。

当然，除了浅层的感官刺激以外，小杨哥视频中的内容节奏才是他的视频火爆的关键。在小杨哥的视频中，大量运用了反转的叙事手法。反转是一种从语义组织角度出发的叙事手法，在短视频日益发展的今天，反转也越来越多地被用于短视频的叙事中。通过大量只交代结果不交代过程的反转，小杨哥的视频中往往3秒一个笑点，8秒一个爽点，15秒一个反转，通过多个“笑点+爽点+反转”的组合，粉丝看视频的情绪就像坐过山车一样跌宕起伏。

短视频的流量，本质上是注意力经济的具象化。移动互联网时代，人们接触的信息量呈指数级增长，获取信息十分方便，这使得优质的内容成为吸引流量的强磁场。在流量带货型个人经济体发展的第一阶段，吸引眼球、获取流量是他们的主要任务，小杨哥的内容特点与生产模式可以说是一个经典样本。

操盘手如何将流量空置逆转成变现王

运营权交给操盘手，但对控制权的把握非常重要。现在，大杨哥和小杨哥成立的三只羊网络科技有限公司中，两人合计持股66%，拥有绝对控制权，而在商标的归属和资源分配上，大、小杨都有着绝对话语权。

上帝为你打开一扇窗，便会关上一扇门。在带货的江湖，往往也是如此：擅长做内容运营的不擅长做市场运营，擅长做市场运营的不擅长做内容运营。

小杨哥确实很善于吸引流量，但在早期，小杨哥的商业变现一直不温不火。对擅长做内容的小杨哥来说，市场运营不是他的强项。

小杨哥的带货之路，最早可以追溯到2019年的快手直播，真正在抖音上开始直播则是2020年上半年。根据招商团队发布的带货数据，当时已有4000万粉丝的疯狂小杨哥的带货数据并不亮眼，多款单品的销量只有1000多单。

2021年12月之后，小杨哥的商业变现逆袭爆火。公开资料显示，在2022年1月初，小杨哥30天的销售额突破8000万元。新抖数据显示，2022年7—9月，疯狂小杨哥带货35场，累计观看人数10.94亿人次，GMV（Gross Merchandise Volume，商品交易总额）9.65亿元，近30天GMV3.56亿元。

明明已经直播带货了两年，为何小杨哥的带货2022年才开始走红，是突然悟透了变现秘诀？很明显，是有专业的变现“操盘手”入局，帮助大、小杨哥打通了变现的任督二脉。

从小杨哥在快手的直播回放看，其早期的直播大多数都是与美女的连麦，带货风格与现在的疯狂小杨哥抖音直播间相去甚远。如今，小杨哥一家利用乡土、耍宝、整蛊等特点，将短视频的搞笑人设搬进了抖音直播间，让直播带货变成充满剧情性的“直播网剧”，也让短视频的内容人设和直播人设达成统一，进一步强化了小杨哥的个性风格。

不止如此，2021年底，其背后的“操盘手”开始建立起一系列的“疯狂小杨哥”矩阵号，账号多以“疯狂小杨哥”或“三只羊”命名，发布小杨哥的直播回放片段。

看似单打独斗的小杨哥背后是谁在操盘？天眼查显示，2021年3月，大、小杨的合肥三只羊网络科技有限公司（简称“三只羊”）成立。2021年6月，合肥微帽网络科技有限公司认缴出资。在新资本进入半年之后，疯狂小杨哥以全新的风格出现在直播间带货。2021年12月，小杨哥的直播间更是突破8000万元销售额，场均人数峰值达50万。不久后，疯狂小杨哥的抖音粉丝量一举超过刘德华，成为抖音排名第一的网红。

2022年3月，三只羊提交了35个“疯狂小杨哥”的商标信息注册申请，涉及范围包括餐饮、家居、珠宝、办公用品等，一旦注册成功，就意味着“疯狂小杨哥”这一大 IP 将直接成为三只羊的资产。

这不禁让人想起过往许多知名网红和MCN机构闹掰分手的故事，办公室小野、浪胃仙等大IP在与MCN机构“分手”后均引发了不少纷争。

大、小杨或许早就想到了这一点。2022年7月，认缴出资满一年的合肥微帽网络科技有限公司从三只羊退出。目前，三只羊的最终受益人为张开杨与张庆杨，即大、小杨，两人持股合计达66%。未来，在商标的归属和资源分配上，大、小杨都有着绝对话语权。

目前，小杨哥张庆杨对包括合肥领头羊文化传媒有限公司、安徽三只羊供应链服务有限公司、合肥三只羊网络科技有限公司等多家公司均有实际控制权。坊间对于小杨哥在多家公司之间的运作交集和股权分配关系有着诸多猜测，但毋庸置疑的是，通过引入其他力量，小杨哥的网红之路正在一步一步走向新的高峰。

直播切片裂变的庞大矩阵流

“养流量—导入直播间—带货变现”是流量型个人经济体最简单直接的变现模式，而小杨哥在直播上的商业模式已经跳脱了传统网红带货的线性变现模式，转向切片矩阵式的全面收割，3000人的分发团队和5000个矩阵号力压樊登。

找准路子之后，手握近1亿粉丝的疯狂小杨哥，最直接的变现渠道就是直播带货。“疯狂小杨哥”抖音主页显示，其每周进行两场直播带货。根据新抖数据，2022年8月7日至9月7日，小杨哥的直播销售额为3.56亿元，其中销量最高的一场直播中，累计观看人数达4856万人次，销售额达5656万元。

“养流量—导入直播间—带货变现”是流量型个人经济体最简单直接的变现模式。而小杨哥在直播上的商业模式已经跳脱了传统带货的线性变现模式，转向矩阵式的全面收割。

最近，沉寂已久的李佳琦又在抖音上“复出”了。在抖音上搜索李佳琦会出现不少带货短视频。短视频里李佳琦一件件讲解商品，用户点击屏幕左下角弹出的购物车，就能下单购买。这些短视频的剪辑来自主播的直播录屏，叫作直播切片。在抖音上搜索2022年大火的东方甄选，也能看到许多来自不同账号的混剪片段。这其中不排除有些账号的蹭热度行为。

在庞大的短视频平台，单个账号是点，围绕主账号衍生出来的矩阵账号则是面，当平台算法朝去中心化方向分配流量时，矩阵号的形式可以让内容的传播由点扩展到面，从而获得更多用户。

那么，你知道在抖音上矩阵账号最多的是谁吗？没错，拥有最多矩阵号的既不是分身讲课的樊登，也不是很早就开始做矩阵的周文强，恰恰是看起来不太聪明的搞笑博主小杨哥。

“过期”的内容也能变现，小杨哥团队从2021年底就做起了这门生意。正如前文所说，小杨哥的账号视频内容具有强烈的娱乐化、趣味性属性，而他们的直播间风格也如出一辙，向直播间植入大量有创意的策划，将直播内容化之后，小杨哥团队与第三方公司合作，就可以将IP授权给其他的矩阵账号，通过剪辑直播片段传播带货。

在直播切片这门生意的链条中，涉及主播、带货KOC（Key Opinion Consumer，关键意见消费者）和第三方机构。带货主播提供正规授权的直播切片素材和对应的商品链接，带货KOC通过带货主播的官方账号获取联系方式，申请相关授权，获得授权后，带货KOC可以对直播切片素材进行二次剪辑加工之后上传视频，上架商品，坐等出单。有部分带货主播选择由第三方机构统一负责带货KOC的授权和管理，之后带货佣金三方分成。

小杨哥的MCN机构“三只羊传媒”的负责人曾经表示，如果一个带货KOC的账号月销售额为10万元，小杨哥就能拿到50%的佣金分成。也有已获得小杨哥直播切片号的从业者表示：“最多的一个月赚了2万元左右，认识的一个老哥比我做得更早，那时候人少，他一个月赚了十几万。”

公开资料显示，疯狂小杨哥的直播切片分佣比例按照阶梯式计算，完成较低一档GMV的KOC和小杨哥所在的MCN机构三只羊按三七开分成，三只羊分得70%佣金；而月GMV在10万元以上的，双方为五五分成。

这样的直播切片矩阵模式，让小杨哥的IP能量通过无数个“分身”进行全网传播，同时矩阵账号还能够源源不断地产生带货收益。这样的矩阵化运营之下，流量叠加、强化IP、带货分佣等多种需求糅合在一起，一举多得。

目前，除了“疯狂小杨哥”的主账号之外，小杨哥团队在抖音上还有包括“疯狂小杨弟直播福利”“疯狂小杨弟（三只羊大超市）”等在内的粉丝量超过20万的分发账号，以及不少万赞以上的爆款带货视频。三只羊网络官网显示，小杨哥目前合作的内容分发团队超过3000人，在这样的矩阵搭建模式之下，小杨哥成为新一代矩阵号的天花板，全网拥有5000多个矩阵号。

三只羊网络负责人曾在采访中强调，“疯狂小杨哥”的IP直播切片授权不是生意逻辑，而是粉丝逻辑：“一个人只有基于对‘疯狂小杨哥’的喜欢和理解，剪出来的内容才能得到粉丝的喜欢，才能把东西卖出去。”

从本质上看，直播切片吃的是带货主播的长尾流量，最终下单的大部分还是主播的原有粉丝。在众多的带货视频中，往往只有主播的粉丝才可能被直播切片吸引进而下单。就好比樊登在抖音上的600多个账号，都在用樊登读书的官方授权账号身份进行短视频发布，这些授权账号通过信息流卖课、卖会员，背后其实都是樊登的个人IP影响力所驱动。

因此，对于流量型个人经济体来说，在学习小杨哥如何提供优质内容、怎样找准路子变现之后，不断扩大影响力，形成个人IP，多元化变现才是他们下一步要走的路。

第四节

流量带货下一步

流量型网红的五大生意经

网红如何跳脱单纯的流量带货模式，成为具有全方位影响力的博主，是很多靠吸引流量起家的个人经济体十分关心的问题。

互联网时代下，信息过载的压力使得大众的注意力成为稀缺资源。对于网红类的个人经济体来说，吸引大众注意力是他们职业初期的主要KPI，在获取眼球之后，如何将注意力凝结为商业价值再转化为购买力，是个人经济体实现“钱途”的关键课题。

时尚博主是网红中的一个细分群体，他们的收入、盈利模式与网红是基本相通的。我们先来看几个国外时尚博主较为普遍的商业变现模式。

时尚博主Leandra Medine的博客Man Repeller的主要收入有三部分：网站广告，与Michael Kors、Gucci等大牌合作，出席或主持活动。

Bryanboy也用类似的模式运营博客，不过其大部分收入来自品牌联名系列产品，比如与Marc Jacobs联合推出的“The BB Bag”。

知名博客Pink Peonies的博主Rachel Parcell则主要通过分享产品链接获取引流收入，这也是目前我国时尚博主的普遍变现路径之一。用户或读者点击博主在博客、微博或社交平台上分享的商品链接并购买商品后，博主就可以获得每次交易额的一小部分作为佣金。

上述这些基于个人属性的线性变现模式，在流量型个人经济体中屡见不鲜。而“宇宙第一博主”Chiara Ferragni的商业模式，使得她的收入结构呈树状分布，既有最基本的来自网站的广告收入，也有基于个人形象的品牌合作、活动主持收入，还有来自集团的品牌营业收入。近年来，野心勃勃的Chiara甚至开始在资本市场崭露头角。2021年，Chiara加入了意大利奢侈品集团Tod's Group董事会，任命发布之后，Tod's的股价随之上涨了12.1%。

起于流量，不止于流量。Chiara重新定义了时尚博主。纵观Chiara十几年来的发展路径，其商业模式的成功离不开以下五点。

1. 定位先行，找准潜力赛道

来自时尚帝国意大利的Chiara Ferragni在米兰开通了她的时尚博客，“米兰时尚之都”“金发碧眼美女”“素人穿搭”这些标签定位了Chiara Ferragni的赛道——高端时尚。博客创建初期，Chiara就勇于跟商业主持和中低端品牌的合作说“不”，并且在和特定品牌合作时也会要求签订长期协议以保证有足够的时间适应品牌风格。

2. 圈好粉丝，要引流，更要稳流

找好定位之后，为了圈住更多粉丝，Chiara不惜免费甚至花钱与高端时尚品牌合作，同时自掏腰包投巨资前往各大时装周积累内容素材，增大曝光量。在引流之后，Chiara通过定期更新发帖、与读者交流、接收反馈后改进内容等方式增强与粉丝互动性和粉丝黏性，成功地把流量变为“留量”。

3. 把握机遇，紧跟风口

在博客时代积攒了许多忠实的粉丝之后，Chiara的成功离不开数字化营销转型的风口。从纯文字媒介转向图文媒介、视频媒介，在

互联网平台流量迁移的过程中，Chiara从来没有落伍过，她还会根据不同平台的传播特点制定不同的账号定位、制作不同的传播内容。

4. 孵化运营，专业化打造品牌

基于准确的定位、爆棚的人气和快速增长的风口，Chiara有了变现转型的基础。为了让个人品牌能够得到更好的发展，Chiara雇用了一支专业的运营团队，包括公关人员、摄影师、项目经理、营销专家等，为Chiara Ferragni品牌服务。

5. 长期主义，多元化商业变现

运营团队如何让时尚博客成为自动ATM取款机？简而言之：Think Big，Think Long，Think Deep（看全局，看长远，看本质）。早期TBS的爆火源于粉丝对Chiara Ferragni的关注，在 Instagram能够满足粉丝这方面的需求之后，原来的TBS便不需要做同质化的内容。于是，Chiara将原来的TBS博客转型为生活杂志型博客和电商平台，通过在不同平台上运用不同的战略以吸取最多、最准确的流量。Chiara主要通过Instagram展现个人动态，而TBS则削弱了Chiara个人的内容，转变为运营KOL团队，同时叠加了电商功能，搭建起时尚品牌与大众的数字化桥梁。再加上Chiara Ferragni个人品牌的发展，Chiara实现了商业模式的多元、可持续发展。

Chiara是成功将粉丝注意力变得持久并点“粉”成金的典型案例，她的五大生意经值得每个流量型个人经济体学习。

未来趋势：公域流量私域化

在众人都以为直播是罗永浩的星光大道时，润米咨询创始人刘润却这么说:“直播是很多人的梦想，但只是老罗通往梦想的盘缠。”

当千万级流量从身旁流淌而过，罗永浩很清楚，洪流般的公域流量不过如此，要持续地享受直播红利，就必须把公域流量转化为私域流量，运营自己的粉丝群。

尽管老罗的直播阵地在抖音，但在直播前，他会一再通知大家添加他的企业微信，还特意提醒粉丝们日常福利都在企业微信里发布。不光是老罗，这套玩法也被其他大咖级的主播采用，他们纷纷公布企业微信进行粉丝社群运营。

网红经济3.0作为快消品文化符号，它的生命周期到底有多长是人们普遍关注的问题。根据当下互联网新旧更迭的频率，一般情况下，每三五年进行一次迭代。每迭代一次，用户的喜好、口味都会发生巨大变化。

这个问题，在流量带货型网红中更为明显，这也是许多流量型个人经济体需要明确的重点：主播与粉丝之间并不是简单的明星与粉丝的关系。在直播间中，消费者的忠诚度很低，相较于主播本身的人设，许多消费者更关心的是主播的议价能力和商品的齐全程度。换句话说，主播是谁不重要，用户走进直播间，不过是被商品导向下的供应链能力所吸引。

罗永浩、李佳琦等直播顶流早早就发现了这一点。作为流量型个人经济体，要让粉丝对自己的信任度超过平台，否则，一旦平台不再给予流量支持，没有自己私域流量池的网红会迅速被抛弃，过气只是时间问题。

许多人会问：大平台这么多，为什么还要做私域？

这里可以用一个简单的例子来解释。公域流量的获取类似打猎，到别人的地盘上狩猎，既要产生费用，又存在一定的不确定性。而私域流量的运营更类似养殖，从公域流量池里把羊牵到自己的一亩三分地上养着，再持续薅羊毛、喝羊奶、吃羊肉，养得好还可以生小羊，能够产生持续裂变。

对从公域流量池里发家的网红来说，私域流量的导入，就是在主播和粉丝的关系之间增添更大的黏度。打个比方，就是经营好你和羊之间的关系，让它们安心地留在你的地盘上长膘、长毛、产奶。在私域的空间里，没有物理的围栏可以圈住羊，只有精准高效的社群运营才是围住羊群的唯一围栏。

那么，如何让羊群心甘情愿地留下呢？答案是：要了解每一只羊对什么感兴趣，给它们打上不同的标签，精准“投喂”。以罗永浩为例，“交个朋友”团队根据直播间的产品类型和用户需求，划分出酒水、科技、旅行、美妆等七个不同的垂直直播群，进行社群的精准运营，这就是私域运营上的“因羊而异”。

在养羊的过程中，羊也有不同的分层。某网红群会通过定时发放直播动态和直播价格，在社群中引发种草讨论。这些讨论之后没有贡献甚至还要吃你粮草的羊是流量，能让你薅薅羊毛、挤挤羊奶的就是用户。

张沫凡在微博根据粉丝互动程度，筛选出一批铁粉，这些铁粉不仅能够帮她打榜，还能通过转发互动来破圈。这一层次的羊不仅能够产奶、产毛，还能够生小羊裂变，这些就是目标粉丝。

显而易见，这种运营模式的背后是公域流量私域化的兵法：网红从微博或直播间等公域流量池里将消费者和粉丝引入私域群，建立属于自己的私域粉丝帝国。

在公域流量池带货的流量型个人经济体，经营的是产品和供应链，在把流量导入私域之后，运营的则是用户的终身价值。

对于希望走向流量直播带货路径的个人经济体来说，私域社群运营的本质意义就是流量的留存与复用，通过社群的运营，不断地把流量转化为用户、把用户转化为粉丝，让流量最终变成“留量”，产生源源不断的商业价值。

第二章

IP化运营：个人经济体符号的商业模板

第一节

凯叔：个人IP“泛化”与“跨界出圈”

抛弃了“央视名嘴”这一身份，被称为“凯叔”的王凯开始释放个人经济体的能量，以知识内容为原点，不断突破个人IP的上限，让“凯叔讲故事”超越自媒体的体量与范畴，成为亲子市场的头部品牌。

利用差异化切入亲子市场

一次偶然的机会，王凯将给女儿录制的故事分享到了孩子的班级群里，结果反响热烈，这群小听众纷纷表示没听过瘾："再多讲讲，我们爱听！"这次的分享经历，不仅让王凯收获了最初的28个忠实小粉丝，还获得"凯叔"的昵称。

2013年3月14日，王凯迎来34岁的生日，当天他发了条微博：今天辞职了，从此问心而生，随性而活。决定不容易，但说出来就是春暖花开。

2012年前后，马东、张泉灵等一众"央视名嘴"纷纷扔掉央视的"铁饭碗"开启了下海创业的热潮，与一些出身草根的"网红"不同，这一众"名嘴"有过硬的专业技能傍身，并且在央视平台已经积累了一定的个人影响力和社会资源，起点相对较高。

对于王凯来说，离开央视这个超级平台意味着原本依附于平台的部分价值被剥离，收获的则是更加自由、灵活的“经营自我”的机会。

“辞职”后的王凯并没有“随性而活”，他决定进自媒体行业寻找机会，很快他和申音合作的《凯子曰》上线，第一期播放量达60多万。好景不长，没多久，王凯和申音和平分手。这也意味着，王凯在自媒体行业的探索发展需要重新定位和寻找新的机会。

从王凯此前的职业轨迹看，他最擅长的赛道是财经商业领域，比如他曾经主持过《财富故事会》《对手》等电视节目，讲商业故事驾轻就熟，但当时财经商业领域已经有了吴晓波等一众知名财经IP，和成名已久的大IP“死磕”成功率是较低的，很显然这不是一个好的方向。

一个偶然的机会，王凯在亲子市场找到了属于自己的新机会。辞职后，王凯有了大把时间陪伴孩子，他每天给两个孩子讲故事、讲绘本，遇上出差就提前把故事录下来播放给孩子们听。一次偶然的机会，王凯将给女儿录制的故事分享到了孩子幼儿园的班级群里，结果反响热烈，这群小听众纷纷表示没听过瘾：“再多讲讲，我们爱听！”

这次的分享，不仅让王凯收获了最初的28个忠实小粉丝，还获得“凯叔”的昵称。2014年“凯叔讲故事”公众号正式上线，王凯开始每隔一天分享一个小故事，很快吸引了一大批有孩家庭。

王凯为什么能够在亲子市场迅速站稳脚跟？这主要有以下两个原因。

第一，王凯作为央视主持人，曾给《变形金刚》里的擎天柱、《海底总动员》里的锤头鲨、《汽车总动员》里的大卡车等众多动漫形象配过音，给儿童讲故事，他是专业的。

第二，我国儿童内容市场需求量巨大，但产品并未得到优化和升级，特别是符合互联网时代诉求的互动型、细分场景型的内容产品几乎没有。儿童内容市场在当时还没有出现被广泛认知的大IP，那些被广大孩子、家长喜爱的知名节目主持人还在享受着体制内的红利。

所以，在市场存在需求且尚无强势竞争对手，以及个人知识、技能、背景等方面均匹配的情况下，王凯成了做在线儿童内容市场最合适的人选之一。

定位匹配上需求，再加上持续输出优质的内容，伴随而来的是巨大的流量红利和资本市场的热捧。上线两年，“凯叔讲故事”公众号就拥有了400多万粉丝，微信活跃人数超过20万，成为中国最大的微信亲子社群。2016年上线的凯叔讲故事App，截至2022年总用户达6000多万，相继播出了3万多个优质儿童音视内容，其中有一半是原创内容，全站总播放量超145亿次，被家长亲切地称为“中国孩子的故事大全”。

在融资方面，“凯叔讲故事”已经完成了C轮融资，估值达16亿元。

在自媒体的流量红利期，王凯完成了个人经济体的初步构建，也就是利用个人在某个领域内的能力或资源，实现了流量或经济收益上的原始积累。

“凯叔讲故事”发展历程

· 2014年4月21日，“凯叔讲故事”公众号上线；

· 2015年，第一款付费产品《凯叔 · 西游记》随手听上线；

· 2016年，凯叔讲故事App上线；

· 2016年7月，“凯叔优选商城”上线；

· 2017年，“城市合伙人”计划启动；

· 2017年11月，成立出版部，凯叔以作者身份正式进入出版领域；

· 2018年10月，新零售业务开启；

· 2021年10月，全新的“凯叔讲故事商城”小程序上线。

由“一人凯叔”到“泛凯叔化”

让更多的“影分身”加入创作中来，即“凯叔讲故事”的创作者由一个人的“凯叔”拓展成原创工作室集群的一群人的“凯叔”。

2014年至2018年间，移动互联网的流量输出爆发式增长，这期间，各类App应运而生，王凯所处的内容赛道更是各类自媒体大咖不断崛起。

虽然“凯叔讲故事”在当时已经给王凯带来了超过七位数的年收入，但他发现自身精力已经接近极限。和很多“一个人即一个团队”的自媒体创业者一样，王凯以高强度的个人创作持续推出“爆款”维持着“凯叔讲故事”的热度。比如，公司的第一个付费产品《凯叔·西游记》就是依靠王凯一个人完成的，他撰写了70万字，整整耗时3年。王凯曾感叹：“我写《凯叔·西游记》时，把自己一个人关在山里面，感觉写到有腹肌了。”

市场对儿童教育内容的大量需求与个人创作精力上限的矛盾日益突出，王凯想到了“泛凯叔化”的路子——在保证整体内容质量的情况下，让更多的“影分身”加入创作中来，即“凯叔讲故事”的创作者由一个人的“凯叔”，拓展成原创工作室集群的一群人的“凯叔”。

一人创作容易，众人创作难，“泛凯叔化”的落地面临着一系列现实问题：如何总结出一套标准的方法论？如何有效灌输到各个原创工作室的创作中去？如何保持“泛凯叔化”在同一频道上？

为此，王凯做了四个方面的准备。

第一，搭建公司组织架构。王凯找来朱一帆作联合创始人兼总裁统筹公司大小事务，自己作为创始人在宏观上把控公司战略。这样，他就可以将更多的精力放在如何优化产品和内容上。

第二，建立了一个共通的“凯叔讲故事”创作标准。这个标准是让来自不同背景、不同专业领域的团队，能打造出同一水平线作品的关键。为此，王凯确立了内容产品的三大标准：快乐、成长、穿越，同时打造出“六一教育模型”和“10条创作法则”。

王凯认为，只有快乐才会让孩子产生自我驱动的学习动力，希望输出的每一个故事都是“教材”，能带给孩子成长。同时，他也希望给孩子打造的内容能够经受住时空的考验，成为经典。

“六一教育模型”是“凯叔讲故事”在教育属性方面提炼而成的系统化表述，即孩子在0～12岁的成长过程中必不可少的认知力、社交力、审美力、学习力、表达力和思维力，将这些教育属性的能力融入作品中，更能得到家长和孩子的认同和喜爱。

为了执行这一理念，“凯叔讲故事”总结了10条具体的创作法则：河流和宝船原则、独立精彩原则、阶梯原则、克制原则、情感原则、10分钟原则、模块原则、1分钟原则、3岁原则、3笑原则，这些创作法则让“凯叔讲故事”的内容更加引人入胜。

王凯曾对外表示：“有了方法论，团队的数百位员工在创作时就有章可循、有标可依，同时我们给大家空间，容纳多元审美与创作，这样好作品就能源源不断地生产出来了，而好作品永远是‘凯叔讲故事’的核心竞争力。”

第三，坚持产品内容的互动性。王凯认为，所有的产品都应该拉着用户一起来打造，特别是做儿童内容的，要不断地与孩子交互，才能与他们同频共振。

在用户互动上，曾经出现过一个有趣的小插曲，“凯叔讲故事”上线后，由于故事太受欢迎，王凯接到了家长的投诉：故事太生动，孩子都不肯睡觉了。王凯很快想到一个办法：每讲完一个故事，就在后面读一首诗，读的时候一句比一句声音小，孩子既听到了故事，又能在诗歌的熏陶中被催眠，家长和孩子皆大欢喜。后来，“催眠诗”也成为“凯叔讲故事”的特色而大受欢迎。

第四，做好品质把控。王凯在内部成立了品控会，在创作上，品控会与工作室协同创作：品控会控制生产端的品质，工作室负责项目落实。品控会以类VC的方式从天使轮到A轮、B轮通过投票表决。一个内容产品从立项到上线要经历好几轮打磨，天使轮的淘汰率达60%～70%，A轮淘汰率超过90%。

为了做好内容审核，品控会上，公司内部一般只有几位高管出席，其他的评委都是来自各行各业的专家，比如编剧、音乐会导演、绘本作家、儿童文学作家、大学教授等，根据不同的项目来确定评委的人数，有时能达到十几个人。整合专业资源把控内容，目的就是把所有的问题在产品上线之前解决掉，给孩子提供专业的内容。

在实现规模化生产后，王凯本人撰写的故事只占到年产量的2%。如今，“凯叔讲故事”专门从事内容创作的已经超过200人，他们当中有剧作家、插画师、音乐家等，组成了相对固定的12个工作室，“凯叔讲故事”从一个人的工作室成长为一个专业内容团队，共同从事儿童内容的创作。

全链路IP开发打造产品矩阵

在“凯叔讲故事”的产品矩阵中，每一个IP产品的孵化都会经历从音频、课程、图书到衍生品、硬件、动画片等不同形态的演变。

2021年，首部由原创音频IP改编的科普动画片《神奇图书馆》在腾讯视频独家上线，后来又陆续登上了70多家电视台。

《神奇图书馆》是“凯叔讲故事”在2017年推出的原创音频故

事。将原创的音频产品进行其他相关产品的开发，是“凯叔讲故事”产品开发的重要策略，也是其一大特色。

换句话说，在“凯叔讲故事”的产品矩阵中，每一个IP产品的孵化都会经历从音频、课程、图书到衍生品、硬件、动画片等不同形态的演变，形成自有产品矩阵。比如，《神奇图书馆》这个原创IP，不仅有音频产品，还可能会有图书、动画片、玩偶、文具、服装、故事机、舞台剧等一系列产品。

王凯为什么可以做全链路的IP产品开发？在历经多年的内容沉淀之后，通过稳定、高质量的内容产出，“凯叔讲故事”已经成长为亲子市场上的知名IP，通过“凯叔讲故事”推出的很多故事IP，也已经被家长和孩子接纳，成为耳熟能详的名字。

王凯为什么要做全链路IP开发？一是因为自媒体本身存在明显的业务瓶颈；二是因为音频产品的整体业务体量有限，“自媒体+音频”的形态极易触碰到行业天花板，而全链路的IP开发不仅自带黏性，还可以让产品内容更加丰富和多样化，而且更加容易变现，更加适合亲子社区的商业运营。2021年教育事业统计数据显示，当年我国处于幼儿园、小学阶段及中学阶段的在校生规模近2.5亿人，市场规模庞大。

因此，“凯叔讲故事”的产品开发是一条虚实结合的IP全链路开发模式，在“凯叔讲故事”这个大IP下，围绕亲子市场，对一个个原创的产品IP进行全方位的开发。

2013年，王凯辞职以后和申音推出过《凯子曰》，不久之后二人散伙。散伙的主要原因是：内容与运营分开（王凯负责出内容，运营团队是独立新媒）导致问题逐渐显现。

这件事让王凯深刻地意识到："我的商业模式决定了内容即运营、运营即内容，两个东西根本掰不开。"因此，"凯叔讲故事"的内容开发模式，同时也带出了"凯叔讲故事"的商业模式：儿童内容+父母内容+精品电商。比如，《凯叔·口袋神探》每更新一集，24小时之内孩子平均会听1.8遍，图书、随手听等相关产品同样大受欢迎。

在内容方面，"凯叔讲故事"分为免费内容和付费内容；在运营方面，"凯叔讲故事"以儿童内容为切入点，聚合社群，提供有针对性的服务。"凯叔讲故事"自主研发了适合孩子的产品，推出童书出版等立体化服务的电商业务，覆盖了儿童生活中衣、食、用、玩等多元场景，在App的商城板块内设置了童书馆、自营馆、玩具馆和生活馆等，截至目前，自营馆内约有50种商品。此外，"凯叔讲故事"在全国50个城市招募线下合伙人，来拓展"凯叔讲故事"的线下门店、举行品牌和产品推广活动、服务当地会员等。

一个真人IP+N个产品IP

儿童心目中最具影响力的IP大多是一些经典卡通动漫形象。除了“凯叔”的个人IP外，基于原创故事内容，裂变出一批个性鲜明的虚拟卡通IP，形成特有的、具有天然关系纽带的IP矩阵资产。

通过对IP横、纵两个维度的深度开发，王凯发现，可以将IP塑造工作更进一步，基于原创故事内容进行虚拟IP的塑造，并且进一步充实“凯叔”这一真实IP。

作为两个孩子的父亲，王凯既是儿童市场的创业者，也是相关消费者，所以他深知儿童市场与成人市场对于IP消费的区别：不同于成年人的市场，儿童心目中最具影响力的IP大多是一些经典卡通动漫形象。

对于王凯来说，具备将内容IP“拟人化”的操作空间，这样一来，“凯叔讲故事”进一步裂变出众多个性鲜明的虚拟IP，而每一个虚拟IP本身就代表着一个知识领域。比如《凯叔·诗词来了》里的“麦小麦”和“麦小米”让孩子联想到中国古典文化；《凯叔·口袋神探》里的“艾小坡”“鸡飞飞”让孩子想到科学原理和逻辑推理……这些虚拟IP已经沉淀为公司的资产。

与此同时，王凯借助动画片、舞台剧等儿童乐于接受的媒介进行传播，扩大虚拟IP的影响力，形成稳定的粉丝效应。2020年初，“凯叔讲故事”举办“2020北京儿童新年音乐会——凯叔交响童话之夜”，集合了“凯叔讲故事”众多的产品IP，探索了儿童教育“舞台版”的新模式。2021年推出的首部推理音乐剧《神探艾小坡》在北京天桥剧场上演。

王凯甚至还可以将这些虚拟IP与自己进行深度绑定，毕竟相比真实世界中的个人IP来说，虚拟IP本不存在人设“崩塌”的风险，所能孵化出的虚拟IP形象越丰满，越能提升凯叔这一IP在儿童市场上的影响力和商业价值。

王凯开始塑造以“凯叔”这一真实IP为核心、多款虚拟IP衍生的矩阵体系。基本流程为：由“凯叔”开启一个新内容输出，基于内容塑造出故事中主要的人物IP，形成一定口碑后，再决定是否进一步倾斜更多的媒介资源来提升该IP的影响力，最后以授权、自主开发的方式衍生出相关产品，释放商业价值。比如艾小坡、鸡飞飞等成熟的虚拟IP，目前已经开发了儿童用品、玩具、学习用品等衍生品，很多产品一经上线便销售一空。

这样的模式跟迪士尼、漫威等内容产业的IP制造工场极为相似，都是输出核心内容，然后通过内容塑造人物IP，紧接着根据人物IP进一步衍生分化出各类产品。

这一系列操作下来，王凯打破了个人IP的上限与经营天花板，提升了个人经济体的“抗压”能力，使得“凯叔讲故事”在一众以内容创作为核心的个人经济体中脱颖而出。

第二节

混知：借力资本多通路布局变现

在大多数人的观念中，历史故事、科普内容应该是一本正经的、严肃的。但在“混知”创始人陈磊的手中，这些内容则变得有趣诙谐，且更有记忆点。一个人，一支笔，一台电脑，陈磊用漫画讲故事，从微博起家，再到公众号、短视频，吸粉无数，成为知识赛道独具特色的大IP。

靠“不正经”讲故事走红

把原本枯燥晦涩的历史知识，用大白话和诙谐幽默的漫画方式表达出来，比如把东周列国比作一个班级，周天子是班主任，诸侯是学生，班主任周幽王为博红颜一笑，烽火戏诸侯，惹恼了全班同学，从此威望尽失。

“历史上英雄豪杰众多，但靠着出差成为民族英雄的就稀有了，他就是张骞……史上第一位海淘带货人……”这种视角独特、语言有趣、表达“清新脱俗”的讲故事方式，是不是瞬间吸引了你的注意？这就是火遍全网的“混知”（原名混子曰）用“不正经”方式讲正经故事的风格。

混知的创始人叫陈磊，“二混子”是他的网名，意思是小闷骚、小痞、有点坏坏的幽默感。2012年，陈磊开始在自己的微博@二混子—Stone上发布自创的四格漫画。2014年，陈磊根据历史书上看到的孔子故事，创作了《那个你不太熟悉的孔老夫子》发布在微博上，当天转发量就超过了600。

“我之前在微博上发的漫画作品，转发量大多在几十次，这组孔子故事漫画这么受欢迎，让我看到了历史知识普及的受众市场。”陈磊事后回忆道。

陈磊当时的主战场是微博，虽然在一年前就注册了“混子曰”的微信公众号，但第一次推送只有两个字：你好。然后就没了下文。

随着微信生态的崛起，2014年，陈磊将此前相对散乱的漫画进行结构化与系列化的梳理后，在公众号上推出了《Stone历史剧》系列。2014年11月9日、10日，“混子曰”连续发布的两条推文《那个你不太熟悉的孔老夫子》《如果东周列国是一个班级，那这事就好理解了（一）》迅速成为爆款，都获得了10万+的阅读量，爆红的“混子曰”公众号很快就拥有了大批粉丝。

陈磊基本摸清了“混子曰”未来的风格，通过“别具一格”的方式讲严肃的故事，把原本枯燥晦涩的历史知识，用大白话和诙谐幽默的漫画方式表达出来。比如把东周列国比作一个班级，周天子是班主任，诸侯是学生，班主任周幽王为博红颜一笑，烽火戏诸侯，惹恼了全班同学，从此威望尽失。

陈磊认为，在任何时代，知识都是刚需，只不过表现形式需要符合当下读者的阅读习惯和诉求。在碎片化、移动化阅读成为主流的时代，“混子曰”幽默的语言+生动的漫画表现形式，让用户即便是在上下班高峰期的地铁、公交上，也可以轻松、快速地完成阅读。

“图像思维”和“娱乐阅读”成了混知创作内容的标准。这种独树一帜的风格在互联网上极有辨识度，“混子曰”在一众毒鸡汤、鸡血故事、猎奇标题党的内容中异军突起，很快便享受到了知识经济的红利。

2016年被称为中国的知识经济元年，随着信息传播的成本越来越低，内容赛道步入个人经济体爆发的时代，知识博主不再局限于像罗振宇这样的行业大V，只要在某一领域有独到见解、拥有粉丝流量，就能成为知识内容的获利者。2019年底，陈磊的“混子曰”完成3000万元战略融资，公司年营业额达4000万元，估值达2.2亿元。

借力资本率先转型升级

在很多同类型自媒体账号还沉浸在收广告投放费的喜悦时，获得投资的陈磊已经着手IP泛化的探索，从单点的自媒体爆款向系统化的IP品牌推进。2018年，混知率先由自媒体成为一家自媒体与知识产品并行的公司。

“写写画画没有门槛，别人几个月就超过你了，所以必须快速发展起来。”非常看好陈磊的央视前主持人、紫牛基金合伙人张泉灵找到他，表示愿意拿出147万元来支持他专心创作漫画。在张泉灵看来，“混子曰”这些知识型的漫画，是典型的具有IP潜质的项目。

这笔147万元的投资给陈磊打了一剂强心针，他决定从上汽大众辞职专心画漫画。这是一个自媒体创业的高峰期，后来很多被人熟知的自媒体大咖，基本上是在这一时期成长起来的。虽然在当时，大部分有潜力的自媒体不同程度地拿到了天使轮或A轮融资，但真正能够将资本物尽其用的寥寥无几，而陈磊是个例外。

获得融资的陈磊开始专心画漫画，2017年，他的《半小时漫画中国史》第一部出版，创下了在电商平台七小时卖断货的纪录，线下书店更是一本难求。

随后，张泉灵又拉来徐小平以Pre-A的身份投资1500万元。有了现金流的加持，在很多同类型自媒体账号还沉浸在收广告投放费的喜悦时，陈磊已经着手IP泛化的探索，从单点的自媒体爆款向系统化的IP品牌推进。2018年，“混子曰”成功转型，其文章结集成书出版，当作品成为产品被一份份复制售卖时，混知由自媒体正式成为一家自媒体与知识产品并行的公司。

2019年，作为一个新人作者，陈磊第一次跻身中国作家排行榜，以1200万元的版税收入位列第五名，仅次于刘慈欣、余华、大冰和当年明月。

时至今日，陈磊与公司的核心成员都非常感谢张泉灵的帮助，“她会站在投资人的角度，一个更高的平台上，给予很多宏观的指导”。

2019年，混知成立了电商部门，真正开始为内容产品做用户运营和维护。而今，混知旗下有漫画科普公众号混知、混知财经、混知健康、混知小课等，全网拥有粉丝3000万，此外还拥有《半小时漫画》和《知识点有画面》系列畅销图书。

在自媒体从增量市场进入存量市场，很多自媒体运营者纷纷陷入营收焦虑之时，陈磊与他的伙伴们已经摘掉了纯自媒体的标签，踏上了一条全新的赛道。

“马甲IP”人格化

混子虽然是个马甲IP，但“他”在读者心中是具象化的存在：一头漆黑茂密且略显桀骜的头发，两只横向伸出的耳朵，瘦长脸，一字横眉眼，下嘴唇包上嘴唇，一脸的较劲儿感。

随着混知的做大，很多读者只知“混子”，不知陈磊。在网络的世界里，混子就像是陈磊的“马甲”。简单点理解，就是陈磊在自己与用户之间设定了一个名为“混子”的虚拟人物，让“混子”这个IP与自己的内容作品进行深度绑定，从而让真实的自己与“混子”进行人格分离。

有一次，《南方人物周刊》记者在采访陈磊的过程中，给陈磊抛了几个梗，他都没有接住。陈磊当场承认，现实中的他不如二混子幽默，实际生活中的见闻也并不特别。

混子虽然是个马甲IP，但“他”在读者心中是具象化的存在。首先，在作品创作中，陈磊给“混子”画了一个具体的形象：一头漆黑茂密且略显桀骜的头发，两只横向伸出的耳朵，瘦长脸，一字横眉眼，下嘴唇包上嘴唇，一脸的较劲儿感。其次，讲故事的方式和内容赋予了混子既严谨又搞笑的性格。

可以说，“混子”是一个拟人化的IP。这种天然的设定，让陈磊与混子之间有关联，也保持着一定的距离。这种刻意的距离能够让陈磊拥有较为纯粹的创作者身份，将工作更加聚焦地去做一些更有价值的事情。

从个人能力来看，陈磊的天赋点主要集中在内容创作与运营上，对于公司经营并不擅长，在创业初期，他对于公司经营业务勉强能应付，那时要做的只是简单的广告推广，所要面对的无非就是报价、和甲方的沟通，但随着团队业务规模的拓展，他深感分身乏术，难以平衡创作与经营的关系。

于是，陈磊急需一个合伙人来扮演“大管家”的角色，分担相应的经营工作。他第一时间就想到了自己在上海大众的师兄、老同事罗润洲。2016年，陈磊向罗润洲发出邀请，随后两人一拍即合。

罗润洲，混子曰（现名混知）合伙人、COO（首席运营官），2007年硕士毕业后，成为首位进入上海大众的西北工业大学毕业生。两年后，在他的引荐下，同门师弟陈磊也在毕业后入职了这家公司，两人在同一个办公室干着同样的事——汽车设计。

罗润洲的加入，让混子曰的核心团队完成了经营与创作的初步分离，罗润洲负责行政、工商、法务等所有事务，陈磊全身心扑在创作中。罗润洲的到来，用陈磊的原话讲就是“终于开始像个公司”了。

若没有罗润洲去分担相应的经营工作，陈磊是难以沉下心来探索创作的，类似《半小时漫画中国史》这样的书籍可能无法在2017年率先推向市场，为公司未来的转型赢得重大的时间窗口。

在陈磊和罗润洲二人的努力下，混子曰的漫画讲历史系列作品越来越受欢迎。2020年，陈磊团队冒着脱粉的风险将原来的“混子曰”公众号更名为“混知”，这标志着“混子”这一虚拟马甲IP进入全新的阶段，从用漫画讲历史的定位转型到原创搞笑科普知识分享。混子这个马甲IP的内涵更加丰富，表达的内容阵地也更宽广了。

如今，混知的内容遍及微信公众号、头条号、抖音、微博等平台，总阅读量超过2.6亿人次，商业合作品牌达180多家。

“工业化”创作

陈磊将“混知”的创作流程拆分为定题、翻译、呈现、学习四个环节，并总结出一套符合“混子”人设的工业化创作方法论。

混子的马甲IP属性，对于工业化创作有着天然的优势。只要保证“混子”的风格不变，背后的内容创作者完全可以多元化。

陈磊很早就开始琢磨一条符合“混子”特征的“工业化”创作路径，在未来公司业务规模扩大后，可以有效保障稳定的内容产品输出。为此，陈磊将“混知”的创作流程拆分为定题、翻译、呈现、学习四个环节，并总结出一套符合“混子”人设的工业化创作方法论。

第一，定题。陈磊一直坚守“不混”的原则，即“混子”的内核是一定要讲述真实、严谨的内容，幽默搞笑的外衣只是为了降低阅读门槛，提升阅读体验，让原本枯燥无味的知识变得生动有趣。

第二，翻译。在陈磊看来，创作符合“混子”特质的作品需要做好“翻译”工作，先通过阅读文献、请教专家等方式学习知识，再消化、吸收、加工，把这些知识“翻译”成公众喜闻乐见的文字、漫画、动画和音频。用陈磊的话说：“我们先啃专业知识，再给老百姓讲‘人话’。”

第三，呈现。混知团队在呈现方面有三大特色：图像化、脉络化和娱乐化。图像化，顾名思义，是把专业文献上的艰涩文字画成直观的漫画，比如把两条链的DNA和一条链的RNA画出来，两者的区别就一目了然了。

所谓脉络化是通过图表制作，呈现多个事物之间的关系，让读者在很短的时间内学习体系化知识。比如，在讲一件原本枯燥无味的历史事件时，去除旁枝末叶，保留关键的主干筋脉，再配以独特的“历史公式”和讲史风格，让人在轻松搞笑的氛围里，不经意间记住了知识点。

娱乐化则是“混知”的看家本领，比如为普及直接转档变速器（DSG）双离合器变速箱知识，混知团队创作了“一个霸道女总裁和七个男朋友的故事”，将专业难懂的话题，用娱乐化的方式呈现出来，不仅通俗易懂，而且老少咸宜。

经过陈磊的不断调整迭代，如今混知团队负责内容的有40人，根据内容领域形成各个小组。

第四，学习。如何在“不正经”的表达中做出正经的内容，同时保证输出内容的准确性和真实性？陈磊郑重表示，他始终秉持着一个内容创业者的初心，“做知识的搬运工，我做的是科普，确保内容的准确性，是我的底线”。

为此，混知文化公司设立了研究院，这个部门员工的工作是快速学习专业知识，然后为创作文案、插画的同事讲解，创作者经过

“头脑风暴”后，开始写文案、画漫画。换句话说，混知团队在创作历史漫画前，需要先花大量的时间系统地学习和了解历史，最后梳理成一个适合的文字和插图，创作完成后，还会请知名的历史学家来审读，每一句话和每一个插图都要经过反复推敲打磨，直到符合历史的真实性，才会正式对外发布。

第三节

莱恩·卡吉：用好莱坞模式运营个人经济体

“一个九岁的孩子，一年赚了两个亿”“全球最赚钱的小网红”……从2018年开始，莱恩·卡吉成为YouTube上最赚钱的视频创作者，一年赚了2000万美元，到2021年，这一数字已经增至3000万美元。作为低龄化的个人经济体，他又是如何成功的呢？

YouTube上最赚钱的小朋友

相比同龄人，莱恩不仅口齿伶俐，而且有着超乎同龄人的表达逻辑，视频一经推出就在YouTube上引发关注，在开设频道4个月后登上了YouTube儿童类的第一热门热片。莱恩从2018年开始连续3年蝉联“全球收入最高的YouTuber网红”，平均每年吸金近3000万美元。

“我为什么不能也出现在上面？”3岁的莱恩一脸好奇地指着YouTube上小朋友试玩玩具的视频，认真地问旁边的妈妈。与大多数“美国网生代”一样，2011年出生的莱恩非常喜欢看YouTube上的儿童类创作视频。

莱恩的妈妈听到儿子的疑问，愣了一下，她没有试图去解释为什么，也没有想通过别的转移小莱恩的注意力，而是认真思索后，决定也为儿子拍摄类似的视频，来满足莱恩的愿望。

一开始，莱恩父母认为莱恩在开箱玩具以及对镜头进行展示的过程中，可以锻炼他的对外表达能力，另外，拍视频也能分享给远方的亲友，一举两得。因此，莱恩的视频在初期并不存在任何商业目的，单纯就是父母为了提升孩子的表达能力做的教育尝试。于是，莱恩的母亲在2015年开设了一个名为“Ryan Toys Review”（目前已改为“Ryan's World”，莱恩的世界）的玩具测评频道。

相比同龄人，莱恩不仅口齿伶俐，而且有着超乎同龄人的表达逻辑，视频一经推出就在YouTube上引发关注，开设频道4个月后登上了YouTube儿童类的第一热门热片。随后的故事便是莱恩快速成为YouTube上最赚钱的小朋友，其吸金能力甚至令不少好莱坞明星望尘莫及。莱恩从2018年开始连续3年蝉联“全球收入最高的YouTuber网红”，平均每年吸金近3000万美元。

从表面上看，莱恩是一个幸运儿，但深挖其成功背后的底层逻辑，就会发现莱恩的成功离不开时代红利的加持。

首先，莱恩的核心粉丝，即他的同龄人已经将注意力从电视转向了互联网流媒体，短视频更符合新一代的观看习惯。据《福布斯》报道，有80%的父母会选择让11岁以下的孩子看YouTube打发时间，在YouTube最受欢迎的频道中，有40%的内容面向的是孩子群体；78%的孩子会在YouTube上看开箱视频，其中17%的孩子每周会看3～9个小时。与之相对的是电视媒体的衰落。尼尔森报告称，相比2008年，2017年观看迪士尼频道（Disney Channel）的6岁至11岁的孩子减少了

53%，观看尼克国际儿童频道（Nickelodeo）的减少了54%。

其次，莱恩切中了现代孩子的孤独感，虽然是远程的互动，但也提供了一种情感联结。相比成年人，儿童更加愿意接受这种远程的互动。根据医学界人士的解释，正处于大脑发育阶段的孩子，很容易在观看玩具开箱视频时，接收到“莱恩有这个东西，他看起来好开心”的信息，从而归纳出“那我也要”的结论。

最后，莱恩的开箱视频还得到平台大数据的“助攻”，一旦孩子点开一次相关的玩具开箱视频，手机、平板、MAC等各类终端将开启各种推送模式，开始为孩子“量身打造”相关的兴趣内容，这对于无法清晰分辨内容优劣的儿童来说，就是一场被精心设计的“消费主义陷阱”。

将“自己”卖了个好价钱

通过品牌授权，莱恩的收入开始呈指数级上涨。截至2019年底，挂着莱恩照片的商品有上千种，在全美7.5万家商店销售，给各类品牌商带来超过1.5亿美元的收益。

早在2016年，莱恩的父母就看到了莱恩个人IP的价值，他们便辞去工作专心帮助莱恩做视频，并且开设了制片公司Sunlight Entertainment，一口气雇用了30名员工，围绕莱恩进行视频拍摄，并承担后期剪辑、账号上传等全套工作，每周固定推出30多个视频内容，产量惊人。

随着莱恩在网络上的热度的继续攀升，莱恩的父母也意识到自己的能力有限，只能帮助儿子制作单一性的视频内容，无法向其他业务延伸。

此外，在莱恩爆火之后，莱恩一家遭遇来自社会各界的压力，不仅父母的各种陈年往事被网友扒出，消费者倡议团体Truth in Advertising还向联邦贸易委员会（FTC）申诉，导致莱恩的频道因此改名，转型做教育、科学实验和旅游等内容，身处聚光灯之下的一家人急需专业团队来解决实际问题。

莱恩的父母决定签约经纪公司的消息一经放出，便吸引了不少经纪公司的关注，其中pocket.watch这家专门服务YouTube上网生IP的经纪公司，在一众竞争对手中胜出。

这家经纪公司开出了非常具有诚意的价码：不仅对莱恩进行包装，还签下莱恩全家的经纪合约。对于pocket.watch而言，莱恩全家的价值不应该停留在去YouTube上收取广告费，而是要像好莱坞的明星一样，通过作品建立人气后，进行适度的商业变现，其中品牌授权是商业变现的重中之重。

pocket.watch通过精细化品牌故事与内容营销策划，切入莱恩全家与品牌合作，从传统电商带货模式升级至明星网红与品牌故事的强关联性，比如品牌授权。

通过品牌授权，莱恩的收入开始呈指数级上涨。单纯就玩具品牌来说，在电视媒体式微的情况下，急需一位在流媒体领域“呼风唤雨”的有代表性的个人IP来解决品牌曝光、带货变现等问题，莱恩无疑是玩具品牌在流媒体上的最佳人选。

截至2019年底，挂着莱恩照片的商品有上千种，在全美7.5万家商店销售，其中不乏塔吉特和沃尔玛等知名连锁卖场，给各类品牌商带来超过1.5亿美元的收益，超强的带货能力让他成为儿童市场的绝对宠儿。如今，莱恩的品牌授权在全球30个国家发行，包括运动用品、睡衣、生活用品、玩具等多个品类。

从上文可以看出，莱恩作为个人经济体的商业化路径和国内个人经济体的商业化路径有着明显的区别，国内大多采取寻找合作人进入公司团队的方式运营，而莱恩则直接签约了专业的经纪公司来打理。“个人经济体+经纪人”的形式在国内有过尝试，但并没有走通，而国外“个人经济体+经纪人”的形式则比较成熟。

好莱坞级别的专业“操盘”

在好莱坞的成熟运作机制之上，只要产业链上各个环节的人各司其职，就能快速进入稳定运转阶段，而这些被经纪公司包装的个人经济体，让我们看到了个人经济体的另外一种运营模式。

莱恩的成功，离不开背后的经纪公司。pocket.watch到底是一家怎样的公司？

pocket.watch虽然只是一家初创公司，但其背后的投资人均有好莱坞背景。例如唐尼风投（小罗伯特·唐尼名下的投资公司）、乔恩·兰多（《阿凡达》和《泰坦尼克号》的制片人）、史蒂夫·弗德兰德（CBS电影副总裁）等。

也就是说，莱恩是被一个专业的好莱坞经纪团队运营的个人IP。最终的事实证明，pocket.watch不仅眼光毒辣，运作手段也相当犀利，接手不到一年，就让莱恩像好莱坞的明星一般，开始进入各大电视台录制节目。

2018年，美国最老牌的尼克国际儿童频道决定与莱恩合作，推出一档儿童综艺节目*Ryan's Mystery Playdate*，传统电视媒介在美国已经不及巅峰时期，因此急需网生IP进行融媒体拓展，但如果没有pocket.watch在后面的人脉关系支撑，光靠莱恩父母也难以成事。

通过莱恩的案例，我们可以看到好莱坞成熟的工业化与体系化的复制能力，在莱恩模式初显成效之后，尼克国际儿童频道在2020年宣布将会和另外两个儿童网红签约制作新节目。一个是JoJo Siwa，她在YouTube上有1080万粉丝，她的原创歌曲MV *Boomerang*在YouTube上播放量超过了8亿；另一个是Annie LeBlanc，她在YouTube上有380万粉丝，是一名因为出演网剧*Chicken Girls*而大火的童星。

莱恩背后这一整套好莱坞式的运作，让我们看到了个人经济体的另外一种运营模式。在好莱坞的成熟运作机制之上，只要产业链上各个环节的人各司其职，就能快速进入稳定运转阶段，而这些被经纪公司包装的个人经济体未来发展如何还有待时间验证。

第四节

黎贝卡：买神教主的种草经济学

从传统媒体的首席记者到头部时尚博主，再到迈入明星名人行列，黎贝卡的身份数度转变，但她围绕“她经济”施展的种草学威力依旧。

从办公室“导购小姐”到“买神教主”

“黎贝卡的异想世界”被粉丝戏称为“买买买”号，而黎贝卡被称为“买买买教主”“买神教主”。2017年，“黎贝卡四分钟卖完100台MINI”被哈佛商学院收录为经典案例，买神教主名不虚传。

“真是太快了！”黎贝卡自己也没料到，“那时刚推完文，我还在选评论，突然预订的朋友跟我说排不进队付款了，我才发现竟然这么快，接着后台就开始收到晒单了。”

2017年7月21日晚，自媒体“黎贝卡的异想世界”联手MINI独家发售了100辆订制的“MINI YOURS加勒比蓝限量版”，4分钟售罄，所有付款交易50分钟内完成。这么快速的销售达成惊呆了黎贝卡，也惊呆了看热闹的网民。“黎贝卡四分钟卖完100台MINI”被哈佛商学院收录为经典案例，买神教主果然名不虚传。

黎贝卡，原名方夷敏，原本是《南方都市报》的一名跑线记者。在报社，黎贝卡总喜欢带着大家一起买买买，而且每次总能买到好货，大家称她为办公室的“导购小姐”。2014年，黎贝卡注册了自己的时尚公众号“黎贝卡的异想世界”，令她没有想到的是，开号后的第三篇推文就获得了10万+的阅读量，吸引了一大批忠实粉丝。第二年，她从《南方都市报》辞职全力经营公众号，从一名记者转型为时尚博主，通过文字分享女性美好生活方式。

“四分钟卖完100台MINI”只是黎贝卡超强带货中的一个案例，无论是与故宫文化珠宝推出的联名款，还是与美国设计师推出的限量版包包，都被粉丝抢购。

因为总喜欢教大家买买买，“黎贝卡的异想世界”被粉丝戏称为“买买买”号，还封她为“买买买教主”。在《超级IP：互联网新物种方法论》一书中，吴声称她为“买神教主”。2019年黎贝卡入选“福布斯中国50位意见领袖”。

目前，黎贝卡拥有3000多万粉丝，是名副其实的时尚领域头部KOL，出版了《今天也要认真穿》和《爱美也是生产力》两本书，拍摄了《100个中国女孩的家》视频短片。

原南方日报社社长、总编辑范以锦曾这样评价黎贝卡：“方夷敏属于优秀的报人向自媒体转型的成功者。”

如今的黎贝卡不仅是一位成功的自媒体博主，更是一位有着明星光环的个人经济体。为什么黎贝卡的转型这么成功？

首先，黎贝卡在转型之前是一名记者，跑过时政、娱乐、电影，当年她被选为年度记者时的评语是：国内娱乐报道的五星上将，于重围中攫取独家是其绝活，亦能领军攻城略地，功绩昭著。

“如果没有那么多年在传统媒体训练出来的职业技能，我也不可能这么顺利地转型。”黎贝卡自己也曾这样表示。持续稳定的内容输出能力是自媒体的核心要素，黎贝卡过硬的专业素养，跑线时积累的资源，再加上擅长带领大家买买买的天赋，让她具备成为一名时尚博主的核心条件。

其次，在黎贝卡出现之前，时尚大多带有说教和距离感：印刷精美的时尚杂志上，一个个精致高挑的超模与顶流明星用自上而下的“傲气”传达着“美”的定义。但黎贝卡却用“平民化”的解读颠覆了这一切，她用分享的语境，让时尚与大众生活连接在一起，从此“傲气的时尚”有了烟火气。

最后，作为资深媒体人的黎贝卡比任何人都清楚地意识到，不管什么类型的内容，在符合人们未来阅读习惯的载体上进行创作才是大势所趋。2014年，在微信公众号崛起的红利期，黎贝卡抓住机会注册公众号作为自己内容的输出阵地，短视频流量爆发后，黎贝卡又开始拍摄短视频，成功的人永远跟着风口在奔跑。

围绕“她经济”的种草学

虽然一直被称为种草经济的领头人，黎贝卡却说自己一直在做“拔草”的栏目，正是这种独立的时尚态度，让黎贝卡的粉丝对她更加信任，几乎到了“她推荐什么好用，什么就会被抢购一空”的地步。

黎贝卡的粉丝90%为女性，60%以上居住在一线、新一线城市。虽然在一众自媒体中，黎贝卡的粉丝数量不是最多的，但购买转化率绝对“抗打”，买神教主的威力从卖MINI的案例中可见一斑。

我们不禁好奇，黎贝卡有什么魔力让这么多人心甘情愿地跟着她买买买？

对于很多黎贝卡的粉丝来说，黎贝卡是犹如闺密般的存在，她会在公众号上用相当口语化的表达分享购物体验、生活经验等，在读者群里分享细碎的观点，阅读她的文章不会带来审美上的压力，也不会存在所谓的时尚鄙视链。用很多粉丝的话来说，这就是“女孩子之间的小分享”，正是这种平易近人的定位，为黎贝卡积累了最核心的忠实粉丝群体。

密歇根大学社会研究所曾对1.4万名学生进行了大规模的研究，研究结果表明，相对于政府、商界和各领域的专家，“千禧一代”更加信任互联网上的伙伴。而黎贝卡就通过内容输出，在互联网上扮演了被信任的伙伴这一角色。

“我们的推广是经过挑选的，跟品牌合作之前先自己试用，合适的话再合作。”黎贝卡曾多次对外表示，所有的推荐都是慎重的。当黎贝卡推荐的好物不断被粉丝使用体验到时，用户与博主之间更容易建立信任感和审美趋同，这样黏性会越来越强。“信任”容易培养“同感”，当可信任的人做出推荐时，“同感”让人更容易缩短考虑过程，更快地进入购买的流程中。当出现了粉丝信任效应，很容易形成规模化的带货。

黎贝卡并不是简单的导购，更多时候，她是话题的掌控者和引导者。虽然一直被称为种草经济的领头人，但黎贝卡说自己一直在做“拔草”栏目，“我主要不是以吐槽为主，以推荐为主。但我一直在做‘拔草’栏目，没有说合作了的品牌就不能说他们有做得不好的地方。他们也理解，一个品牌的所有产品不能100%让人满意”。

正是这种独立的时尚态度，让黎贝卡的粉丝对她个人更加信任，几乎到了“她推荐什么好用，什么就会被抢购一空”的地步。

随着知名度的进一步扩大，黎贝卡的事业版图也在显而易见地裂变。除了“黎贝卡的异想世界”，她还运营着其他四个自媒体账号：偏向于女性自我成长与生活方式品类的“异想生活笔记”；分享包袋的“你的包真好看”；关于女性小白理财知识分享的“邓姐姐的美好生活提案”；小而美的好物清单“每天只种一棵草”。此外，她还开了电商买手店，小红书和微博的运营也在做，而且还在招兵买马细分领域的“达人”……

“近期我们工作室会推出系列知识付费课程，涉及美妆、理财、时间管理等女性自我提升的领域。”黎贝卡表示，知识付费领域将是她继公众号、内容电商、服饰品牌后，打造“美好的女性生活方式平台”的另一个全新尝试。

像明星一样运营个人IP

黎贝卡的运营模式与大多数明星工作室无异，通过输出形象，实现个人形象的商业化，发挥在女性消费者群体中的影响力。

2018年，黎贝卡突然收到一个邀约，开云集团总裁想请她吃饭，就是那个世界顶级奢侈品集团开云集团，下属品牌包括古驰、葆蝶家等。见面以后才发现，开云集团整个高管团队都来了，席间他们详细地询问黎贝卡是如何工作的、影响力是如何产生的。

在那个时候，时尚博主们的带货能力一次次刷新外界的认知，中国时尚博主群体迅速崛起和分化，头部的几个“大博主”成为时尚奢侈品的座上宾，黎贝卡就是其中的佼佼者。

在过去的几年里，黎贝卡的个人商业价值明显升级，她从时尚博主迈入明星名人的行列，成为诸多国际品牌首选的合作对象，率先走上了明星化的道路，通过输出形象形成商业价值，发挥在女性消费者群体中的影响力。

黎贝卡的形象像明星一般频繁出现在机场、楼宇、地铁这些场景之中，她曾多次受邀参加爱马仕、LV、Chanel等时尚品牌的时装周活动。2017年，黎贝卡受法国娇兰总部的邀请拍摄了宣传片，区别于以往品牌在公众号上做投放或是做联名款产品，这是黎贝卡第一次通过输出个人形象与国际大牌合作。2018年，黎贝卡更是与王源、何穗等当红明星一起拍摄服装品牌开业广告大片，与陈冲、张泉灵、韩雪共同担任某品牌女性创业项目导师。

虽然是素人出身，但实际上黎贝卡的运营模式与大多数明星工作室无异，均是将绝大部分精力放到对明星的形象包装上，实现个人形象的商业化。

在微信搜一搜里搜索“黎贝卡”这个关键词，会在结果页看到一个人物官方区，这里集合了关于黎贝卡的诸多信息，她的简介、公众号、视频号等。这无疑是一个关于人物IP的官方展示区域，所有对黎贝卡感兴趣的用户，都可以在这个页面里直接戳进黎贝卡的公众号，点击观看视频内容等，实现了内容的“一键直连”。

时至今日，黎贝卡依旧事无巨细地参与到所有内容的制作，甚至背后团队所推出的所有产品都是以她的个人IP为核心进行打造的。

创业五年，黎贝卡只有一轮天使轮融资进来。“我太在意自己对事业的把控性，不想被资本推着走。”黎贝卡曾表示。不过随着业务的扩大，她表示，还是应该让专业的人做专业的事，如果有合适的资金和人进来，也不会那么排斥了。

第五节

IP化个人经济体下一步

个人经济体需要“大管家”

以个人IP为核心进行内容输出的个人经济体，大多是出色的内容专家或产品经理，他们都对内容有着敏锐的洞察力，深知平台的变迁与用户的喜好。

与此同时，他们大多不善于系统经营公司，那些财务、行政、法务、市场、销售、融资等非产品环节，经常会搞得他们焦头烂额。作为未成年人的莱恩自不必多说，哪怕是“70后”的王凯、“80后”的陈磊这些已经在职场上摸爬滚打多年的精英都难以灵活切换企业经营者与内容创作者的身份。

为此，他们急需一个“大管家”角色的人物来帮助他们解决非产品环节的事务，不但是为了分担工作压力，更是为了对公司未来的业务规划提前进行系统布局。就像莱恩的父母之于莱恩、朱一帆之于王凯、罗润洲之于陈磊一样，崔斯坦、王大R之于黎贝卡，在公司或团队经营层面上给予她足够的支撑，来保证个人经济体的良性运转。

至少在法律层面上看，黎贝卡还没有正式实行合伙人机制，在她公司的股权结构中，还难有一个“大管家”进入其中，其公司管理层虽然享受着高回报的薪酬与福利，但在公司底层逻辑上是“打工人”或“工具人”角色，这种强人经济模式对于公司创始人或个人IP的精力与能力都有着严苛的要求。

相比之下，莱恩、王凯以及陈磊是将自己的“大管家”视为合伙人，这些扮演“大管家”角色的人不能仅仅按部就班地完成既定的工作任务，还需要深度参与公司决策，他们不仅要被公司创始人绝对信任，也要拥有足够的眼光与视野来运营公司。

莱恩的父母在意识到自己孩子的IP价值后便果断地找到了相关经纪公司进行合作，他们没有选择那些大型经纪公司，而是选择了pocket.watch这种在传统娱乐领域有着深厚资源的初创公司，这样既得到了全公司上下的顶级服务，还能让自己拿到更多的话语权。试想一下，如果是一家顶级经纪公司，莱恩虽然吸金能力出众，但也只是他们众多明星与网红中的一员而已。

朱一帆与罗润洲为个人经济体的运营梳理出了一条IP“泛化”的路径，懂得资本与行业变迁的他们让“凯叔”与“混子曰”这些IP可以放弃短线利益，每每在行业发生变化之时占得先机，让个人经济体有着更为良性的发展空间与成长曲线。

个人IP聚焦还是泛化

源于个人IP的个人经济体在早期积累了流量基本盘后，都会进入瓶颈期。对于个人经济体而言，这个时候，均会面对继续聚焦自我还是泛化IP的选择题。

大家耳熟能详的IP式运营的个人经济体，除了黎贝卡继续坚持聚焦自我，其他均选择了泛化IP的路线，并且设定了横、纵两个轴向进行发育。

横轴是IP的裂变与孵化，即原本的核心创作者总结相关方法论，并复制到其他人或团队进行创作，最为典型的便是王凯采取的“泛凯叔化”方式，让自己从一个内容创作者变为统筹规划内容全局的产品经理，若王凯想进一步释放IP价值，完全可以孵化出另外一个在儿童阅读市场上具有影响力的个人IP。

纵轴是IP的深入挖掘，从单一形态的内容产品变为多媒介形态，比如“混子曰”从漫画变成书籍，“凯叔”从语音产品到动画、舞台剧、元宇宙方面的拓展等。

即便“凯叔”与“混子曰”这类IP抱着小富即安的心态不去进行“泛化”，背后的资本也会驱动着他们去探索更为远大的星辰大海。对于资本而言，这类个人经济体如果不去突破自媒体的上限，哪怕是盈利可观，也不能释放出太大的实际商业价值，资本的诉求是可持续性与创新性，现金流稳定并不是其最看重的指标。

说白了，资本赚的是不断滚大雪球后的增长价值，而不是眼前的那点利润分红。因此，如果个人经济体继续保持初期的手艺人或匠人心态，那么势必将与资本发生冲突，至于黎贝卡选择持续聚焦自我是出于对资本裹挟的排斥，还是没有充分意识到个人经济体进入资本化时代已是大势所趋，我们不得而知。

但有一点在后续的事实中得到了印证，就是黎贝卡的IP运营过于依赖她本人对于市场的判断，跑过时政、娱乐、电影等条线的她并无财经商业领域的知识与经验，在度过自媒体爆发式增长的2014年至2018年之后，面对着存量市场的角逐，黎贝卡在短视频、直播等几个风口均显得“后知后觉”，至少在抖音等短视频平台上，黎贝卡的数据变现并未兑现一个顶流IP应该具备的统治力。

相比之下，选择了泛化的“凯叔”与“混子曰”，则相对平稳地在存量市场着陆，并且在自媒体的红利期之后依旧被资本所追捧，其公司化运营得到市场的认可，虽然在未来的“去个人化”上继续探索，已经初步摘掉了自媒体的标签，推出的相关产品均得到市场与用户的认可，在关键性的节点拿到了融资，但所付出的代价可能就是未来要不断地进行业务探索，为资本所期待的更多可能性去奔波。

第三章

产业链式发展：个人经济体的商业版图

第一节

罗振宇：去个人IP化的超级个人经济体

当很多个人经济体沉湎于个人影响力的一骑绝尘，甚至笑傲江湖时，有人却看到了荣光背后的风险：个人再强大，其承载力和防风险能力总归有限。他在个人经济体攻城略地达到一定程度的时候，便在准备后手，悄然打造更大的平台，这个人就是罗振宇。

央视财经新闻人出身的罗振宇，更懂得资本运营之道。当众多个人经济体凭借出众的才华或机遇获得成功时，罗振宇一开始就与资本紧密结合，走上了一条与许多个人经济体发展不同的“资本加持”之路。

三招“杀死”网红罗振宇

当公司发展到一定规模后，网红创始人起到的反作用越来越明显。思维造物把这种反作用称作“路径依赖”：网红的影响力越大，公司能力越发展不起来。

与众多平台举全员之力热捧超级个人经济体不同，罗振宇和他的团队却在布局怎样杀死罗振宇。

吴博去思维造物面试的时候，脱不花（得到App和罗辑思维联合创始人兼CEO李天田）就问了他一个问题：“你平常锻炼吗？”

吴博说：“还行吧，我打泰拳。”

脱不花听完，很干脆地拍板：“行，那你来吧。”一场面试就这样很酷地结束了。2019年，吴博在得到三周年开放日活动的演讲中回忆道，他当时进的部门叫“胖办”，整个部门只有两名员工，一个是吴博，另一个是罗振宇。他跑去问脱不花：“胖办是干啥的？”

这次，脱不花回答得更加干脆："你就负责一件事儿，和罗胖合作，'杀死'那个叫罗胖的网红。"

一家靠网红罗振宇起家的公司，为什么要"杀死"网红罗振宇？

思维造物官方的答案很有意思：因为我们追求的是得到这家公司的基业长青，我们的目标是做一家好公司，而不是去服务一个网红。

大张旗鼓谋划"杀死"网红罗振宇的最根本原因是："网红罗振宇"阻碍了公司的未来发展。

思维造物非常坦荡地承认，有一个自带流量的网红创始人确实会占到很多"便宜"，比如会获得更多关注度，谈合作时更容易获得好条件，推销产品时网红特别能带货……

然而，当业务发展到一定规模后，网红创始人起到的反作用越来越明显。思维造物把这种反作用称作"路径依赖"：网红的影响力越大，公司能力越发展不起来。

在接手"胖办"的工作后，吴博准备"像做一场外科手术一样，剥除罗振宇的网红身份"，他集中火力使出了三招。

第一招：管住罗胖的腿。严格执行公司规定，让董事长罗振宇做董事长该做的事。

第二招：管住罗胖的时间。吴博作为"罗胖的执鞭者"，将罗振宇每天的时间资产打散，投入公司实际运营、内容生产中去。

第三招：管住罗胖的能力。将罗振宇做内容的能力进行内部赋能。有业内人士笑称，这是把一只专业走秀的模特鸡变成孵蛋的老母鸡。为此，思维造物内部诞生了代号“八里庄抗大”的项目，目的是让罗胖把公司里做内容的人全部回炉再造一遍。

吴博“杀死”网红罗振宇的这三招也可以总结成三个关键词：绝缘体、路由器和开模机。

绝缘体：罗胖作为公司的董事长对不必要的活动“绝缘”。

路由器：罗胖作为内容生产者去连接公司外部各方面的资源和关系。

开模机：罗胖用他做知识服务的经验为公司做内容开好“模具”，然后规模化生产。

总的来说，就是把一个网红的能力变成公司的能力，培养更多的业务抓手，同时通过组织化高效地运转起来。

相对于其他成长中的个人经济体，罗振宇属于第一梯队里走得比较远的。让创始人退出一线战场，专注于公司组织运营，这是罗振宇和其他仍然靠个人IP驱动发展的个人经济体最本质的区别，也是思维造物不断突破天花板拓宽业务模式的基础。

从举全员之力让罗振宇红得发紫，到成立“胖办”“杀死罗振宇”，褪去他的网红光环，以平台的组织化发展替代单独的个体发展——毕竟，个体再强大，其承载力和防风险能力总归有限。曾经红极一时的个人经济体，单打独斗领风骚三五年后销声匿迹的比比皆是。

罗胖的个人经济体

罗振宇相继推出了《罗辑思维》的知识付费模式、个人商业演讲、商业主持等产品，最成功的就是开创了“时间的朋友”跨年演讲。“时间的朋友”不仅是“吸金利器”，还让罗振宇一战封神、声名大噪、影响力出圈。

在谋划“杀死”网红罗振宇之前，罗振宇可谓集万千宠爱于一身，这位号称罗胖的中年男人和他的朋友们不遗余力地将他打造成了现象级的“网红”。

罗振宇的网红之路要从2008年说起。

那年，35岁的罗振宇和领导闹掰后，一气之下出走央视。此前在央视做《对话》栏目制片人时，罗振宇在节目里有过短暂露脸，那时的他已经开始意识到“被观众认识”的价值。

离职后的罗振宇一心想站在台前，他去了《中国经营者》栏目做主持人。后来，罗振宇认识了当时《创业家》杂志的主编申音，二人一拍即合，准备做一档视频脱口秀节目，申音负责运营，罗振宇负责内容和出镜。

2012年12月21日，传说中的世界末日，罗振宇就时取材，推出个人知识脱口秀《罗辑思维》首期节目：末日启示，向死而生。节目上线后24小时播放量过百万，罗振宇一夜爆红。

仅半年时间，《罗辑思维》在优酷、喜马拉雅等平台的播放量就已超过10亿次。紧接着，罗振宇推出了微信公众号，每天发送一条60秒的语音。一年后，他收获了600多万粉丝的置顶关注和疯狂追逐。这时的罗振宇成了一名真正的超级网红——不仅声名大噪，还拥有巨大的商业变现价值，狂热的粉丝对他推荐的产品几乎照单全买。

罗振宇开始走上一条现在普通网红变现走过的路，或者说他是较早开始搞网红带货的那批先行者之一。《罗辑思维》爆火后，罗振宇拥有了庞大的私域流量社群，他每天讲的内容越来越引发粉丝的追问：罗胖咋就这么有学问呢？

然后，你就会发现，《罗辑思维》画风变了。每天早上60秒的内容，罗振宇一般都会这么开场："我昨天看到一本书啊，有一句话这么说的……"

每天讲的"一本书"又引发粉丝追问：罗胖咋就这么会选书呢？

后来大家回过味来，罗振宇这是在"下钩子"——既然你们不会选书，那我给你推书单，教你怎样选书。据说，罗振宇推出的第一个成熟的套现产品就是“书单”，这就是后来各大网红常做的动作——“带货”。

罗振宇的书单推出后，所有书籍大卖，推书单、卖书成了罗振宇带货的第一步。据说书单刚推出的时候，成都一个精明的书商照单采购了一大批，盘算着以比罗振宇更低的折扣销售，应该可以大赚一笔。可让他感到奇怪的是，哪怕他的售价再低，网民也愿意从罗振宇那里购买。这就是后来常说的“人、货、场”的销售魔力，罗振宇通过《罗辑思维》“吸粉”，通过每天60分钟的内容“养粉”，再通过“货（图书）”变现。他通过各种互动和强大的人设，构建了自己的社群，自己成为社群领袖，这个社群就成了所谓的罗胖独家“场域”。

罗振宇在这个场域里不断地变换花样，盲盒盛行的时候，罗振宇在《罗辑思维》做了一批图书大礼包，定价499元，用拆盲盒的形式卖书，8000个礼包上线90分钟被抢购一空。

卖书带货只是罗振宇成为个人经济体的第一步，后来他相继推出了《罗辑思维》的知识付费模式、个人演讲等产品，最成功的就是开创了“时间的朋友”跨年演讲。“时间的朋友”不仅成了强大的“吸金利器”，还让罗振宇声名大噪、影响力出圈。

2015年底，罗振宇推出跨年演讲，第二年，他的跨年演讲在深圳卫视同步播出，这次合作中，深圳卫视以惊人的收视业绩，拿下了同时段全国第一的收视宝座。罗振宇一战封神，哪怕2021年因疫情影响“时间的朋友”跨年演讲“万人空座”，罗振宇也一夜吸金4.3万元。

从个人solo到平台共舞

> 得到和跨年演讲虽然都是罗振宇创建的王牌，但二者存在本质上的区别。跨年演讲和罗振宇属于个人IP深度捆绑，离了罗振宇就玩不转了，更像是罗胖的个人solo；而得到更像是一个舞台，意在邀请众咖共舞，罗振宇只是其中的一个舞者。

很多人一旦“封神”，往往会迷恋这种“神”的感觉，不知不觉深陷其中，精神上很难让自己走下神坛。

罗振宇不是。

这位万众仰慕的个人经济体还处于高速上升期，他和他的朋友们在各种喧闹的商业实验活动中如鱼得水，但名利双收的罗振宇还是开始静下心来思考公司的闭环盈利方向和发展模式。

这让人想起了华为的“阶跃理论”。阶跃，又称阶层跳跃，原本指一个人或一群人通过某种方式，历经一段时间或一个实践过程后，从一个社会阶层进入另一个社会阶层的行为。

有人问任正非，华为为什么这么多年一直保持高速增长？任正非说，华为有个“阶跃理论”，万事发展均像一条抛物线，发展到顶峰后必然会衰老。许多人在到达顶峰后，发现快要衰落，赶忙做出变革，但这时已经晚了。而华为在抛物线远未到达顶峰前，就会做出下一步规划，这样可以确保未来跳得越来越高。

罗振宇和他的朋友们也在做“阶跃”。2016年，罗振宇推出知识服务App得到，并谋划“杀死”网红罗振宇。

罗振宇“杀死”网红罗振宇的最终目的，是“追求得到这家公司的基业长青”。2016年推出的知识付费平台得到是罗振宇和思维造物最重要的一次转型，对罗振宇个人来说意义非凡。可以说，除了跨年演讲，得到是罗振宇的另一张王牌。

从收入层面上看，目前得到是整个公司最赚钱的板块。数据显示，目前思维造物的营收分为三部分：一是占比64.03%的线上知识服务（通过得到App交付的课程、听书及电子书产品）；二是占比20.4%的线下知识服务业务（线下演讲门票、广告赞助收入，以及“高研院”课程）；三是占比14.19%的电商收入。

得到和跨年演讲虽然都是罗振宇创建的王牌，但二者存在本质上的区别。跨年演讲和罗振宇属于个人IP深度捆绑，离了罗振宇跨年演讲就玩不转了，它更像是罗胖的个人solo；而得到更像是一个舞台，意在邀请众咖共舞，罗振宇只是其中的一个舞者。

“只有作为网红概念上的罗胖消散，那些市场上最优秀的知识分子，跟我们合作时，才不会觉得是在给罗胖捧场，而是罗胖在给他们捧场。”得到方面曾这样评价“网红罗振宇”和得到之间的发展关系，为了得到的发展，只能选择“杀死”网红罗振宇。

我们都知道，得到是一款倡导碎片化学习方式的知识服务型App，除了罗振宇，还有薛兆丰、宁向东、何帆、万维钢、武志红、吴军、梁宁、施展、刘润等大咖入驻，推出了《每天听本书》《李翔知识内参》等一系列精品课程。

“杀死网红罗振宇”的策略已经看到了成效，过去几年，得到平台上的头部讲师们展现出惊人的吸金能力，比如头部讲师吴军，2019—2021年贡献的收入分别是2020.29万元、1635.67万元、2144.65万元。2021年，得到上贡献前五的讲师总收入占课程收入的19.51%，而罗振宇本人并没有进入前五。

此外，“八里庄抗大”项目也取得显著成绩，在2021年收入贡献前五大课程中，有三门都是由公司员工主讲，累计收入达0.89亿元。《梁宁产品思维30讲》《华杉讲透孙子兵法》《王烁30天认知训练营》《高爽天文通识课》等产品的出品人也全部是来自“抗大”的毕业生。

和运营“罗辑思维”项目不同，罗振宇在打造得到时做了三件不一样的事：第一，引入专业的合伙人；第二，引入各行各业头部讲师，组成豪华知识生产天团；第三，打造一套标准的产品开发模式和品控手册，形成完整的内部业务闭环。

和与个人IP深度绑定起家的个人经济体相比，得到从一开始就是按照现代化公司的组织架构设置的。这也是个人经济体做大后通过向组织化运作靠拢保持发展的稳定性和可持续性的典型案例。

不管是得到的布局，还是“杀死”网红罗振宇的计划，罗振宇今天的探索也是未来很多个人经济体做大后将面临的问题。

幕后资本的加持

罗振宇为什么能凭一己之力，多次撬动投资机构为他花钱？他在每个阶段做了什么事？讲了哪些故事？散发了哪些卖点？为什么可以打动资本嗜血又冰冷的心？

从个人经济体罗振宇到得到平台化的转型，其实既是考虑平台有更大的容量和抗风险能力，也是为了上市。

央视财经从业者出身的罗振宇，自然明白资本的重要性，更懂得专业的财技。不管是2008年开始成长为个人经济体的常青树，还是2016年推出的得到快速发展，均与资本加持不无关系。这也让罗振宇走了一条与一般个人经济体不一样的路径——许多个人经济体是在壮大后才有资本介入，而罗振宇则在崭露头角的初期就获得了资本的加持，有资本护体的罗振宇自然也更具成功特质。

对长年奔袭在一线的吃瓜网民而言，除了对“思维造物是怎么赚钱的”好奇外，“思维造物是怎么和资本玩耍的”也同样令人好奇。

在大家的眼里，资本是一股有阶级性的神秘魔法，为有钱人服务，普通人很难接触或者驾驭。但随着互联网时代个人经济体的不断崛起、壮大，资本就像“旧时王谢堂前燕”，飞入了寻常百姓家。

罗振宇为什么能凭一己之力，多次撬动投资机构为他花钱？他在每个阶段做了什么事？讲了哪些故事？散发了哪些卖点？为什么可以打动资本嗜血又冰冷的心？这绝对是个人经济体和资本共舞的精彩一课。

2013年，《罗辑思维》节目爆火后，罗振宇立马获得了800万元的天使投资。资本敏锐地在罗振宇强大的粉丝流量背后嗅到了商业机会。

2014年5月，罗振宇和申音分家，同年6月和李天田、吴声等成立北京思维造物信息科技有限公司（简称“思维造物”），并顺利获得数千万的A轮融资。此后罗振宇通过一系列开挂的卖货行动，既上了热搜，也搞到了钱。2015年10月，罗振宇拿到了B轮融资，公司估值达13.2亿元，他成了自媒体领域当之无愧的第一人。

2015年底，罗振宇推出的跨年演讲大获成功后，顺利拿到资本市场的巨额C轮融资。2017年下半年，罗振宇如愿拿到了D轮融资。

五轮融资过后，成立不足4年的思维造物估值一下子达到了80亿元，相当于A股创业板一家上市企业的市值，而罗振宇的身家一度达到30亿元。

2019年，罗振宇带着思维造物开启了上市征程，最初瞄准的是科创板，2020年转战创业板，最终在2022年宣告终止上市。上市受阻并没有让罗振宇灰心，他表示账上现金充裕、现金流稳健，有充足的弹药迎接未来的挑战："我们正在推进一场深度的组织变革，另一方面我们也在进行艰难的业务迭代。"

超级个人经济体原本就是吸金兽，但罗振宇的资本财技让个人经济体看到了资本的增值能力。更重要的是，资本用得好，可以快速促进个人经济体及平台的发展。尽管这是一个常识性的问题，但对许多超级个人经济体来说，却不无启发。

有评论人说，罗振宇对行业最大的贡献就是将一个新兴的行业变成了一个可以看得见的产业，这既有罗振宇个人经济体的探索，也有成立得到平台的转型功劳，更离不开娴熟的资本加持之道。

第二节

吴晓波：不断进化的超级个人经济体

如果一个时代让你觉得不适、焦虑和充满危机，惶惶不可终日，说明什么呢？说明它是一个正在激变的大时代。

——吴晓波2019年跨年演讲

“先站住，再站高；先活着，再活好”，这是吴晓波的个人经验。从成为个人IP意见领袖、个人经济体，再到超级个人经济体，他在每个节点上都经历了“先站住，再站高；先活着，再活好”的过程，一步一步紧跟风口，一步一步随之进化，同时一步一步完美变现。发生在吴晓波身上的商业故事，值得所有崛起中的个人经济体去阅读。

吴晓波系的商业原点

依托于组织的“员工吴晓波”开始向“个人经济体吴晓波”蜕变，此前积累的个人IP成了他开启新时代大门的“核心资产”。

先讲一则有趣的八卦，据说国内知识付费行业有四大天王，分别是吴晓波、罗振宇、樊登和李善友。这四大天王先不论谁的吸金能力最强，要说谁的花样玩得最多、谁最具有争议性，那一定非吴晓波莫属。

借用媒体的话评论：吴晓波利用强大的个人IP，成了个人品牌领域令人难以望其项背的标杆式人物。

这样的评论一点也不夸张，早在传统媒体时代，吴晓波就已经完成了个人IP的构建，这也成了后来吴晓波系所有商业的原点：既包括横向的产品拓展，也包括相关多元化的其他产业。

为什么吴晓波的个人IP有这么大的能量？其实，支撑个人IP能量的关键是“个人”的能力，IP背后个体的能力有多大，释放出来的能量就有多强。吴晓波的个人能力有多强，用一则小故事就可以说明。

2004年，正在哈佛大学肯尼迪政府学院做访问学者的吴晓波，想写一部横跨30年改革开放的企业史，于是他打电话问老同学秦朔，这个选题值不值得做。秦朔说，全国有能力写这本书的人不超过五个，但其他人都没这工夫，你要是觉得不费事，你就写吧。这就是《激荡三十年》的由来，这本书当年销售了80多万册，后来被翻译成8国文字畅销国内外，成为中国商业创作史上的奇迹。此外，吴晓波还有一本被称为“影响中国商业界的二十本书”的著作《大败局》，不仅畅销几百万册，还被很多商学院纳入课程教材。

可以说，“吴晓波”三个字几乎等同于“中国最好的财经作家”。他用历史视角，为财经写作注入了更宏观的视野，几乎凭一己之力完成了“为中国现代企业作史”的壮举。

那么，这个中国最牛的财经个人IP是怎么炼成的？

首先应该回顾一下吴晓波个人IP形成的背景。1990年毕业后的吴晓波进入新华社浙江分社工业组，开始了长达13年的商业记者生涯。他对自己的未来做了“三段论式的九年规划”：三年成为一个合格的财经记者，六年之内成为新华社最好的财经记者，第九年要成为整个财经领域最好的记者。到了工业组后，吴晓波主动请缨调研全国著名的大中型企业，走遍全国各地积累了大量一手素材，并与诸多企业家建立了紧密的联系。

从吴晓波后来的发展轨迹看，这个三段论式的九年职场规划和实践，为他后来个人IP的构造和多元化发展，积累了独特的核心资源。

2003年，吴晓波离开新华社，他开始以更加开放、多元的姿态拥抱市场。也是在这个时候，依托于组织的“员工吴晓波”，正式开始向“个人经济体吴晓波”蜕变，而他此前积累的个人IP成了他向个人经济体转变的“核心资产”。真正让吴晓波名气快速出圈、个人IP价值最大化的是他向移动互联网的转型，从那以后，他的商业施展空间更加广阔。

追风口的人：善于把握每一次机会

雷军有句名言：站在风口上，猪都可以飞起来。明明生活在同一个时代，很多人在不知不觉中与风口失之交臂，然而，吴晓波却能多次精准又清晰地踏进时代的浪潮里，享受着时代的红利。

古希腊哲学家赫拉克利特在阐述“变”的哲学时这样表述：人不可能两次踏入同一条河流。

同理，如果没有及时把握住机会，我们不可能两次撞上同一个红利。时代的风口错过了就是真的错过了，上帝不会给我们重来的机会。

明明生活在同一个时代、同一个国家，很多人在不知不觉中与风口失之交臂，然而，吴晓波却能多次精准又清晰地踏进时代的浪潮里，紧跟风口，一步一步将个人价值最大化。

纵观过去的30多年里，吴晓波精准地抓住了房地产和自媒体两大红利风口：买房置产的投资让他将写作赚来的稿费和版税，搭上房地产行业的高速列车迅速放大；在自媒体红利全面爆发的当口，他迅速从一位财经畅销书作家变成互联网时代知识分子中个人经济体的杰出代表。可以说，他的每一步都踏得准。

20世纪90年代后期，靠写作撑起一片天的吴晓波，在国人还没有意识到商品房投资价值的时候，就提出了经典的“买房说”，并多次在公开场合表示，在中国，地产最值钱。10多年来，吴晓波坚持一年买一套房的固定资产投资，对不动产进行长线投资。这让他成了国内少有的从土地中捞到钱的作家。

1998年，吴晓波花50万元买下千岛湖上一座面积140多亩的半岛的50年租赁权。经过多年的运作，这个岛已经成为千岛湖当地的农业示范基地，估价1000万元以上。从投资的角度来看，这是一笔回报率相当可观的不动产投资。而这座岛带来的回报远不止此，它为后来吴晓波的社群营销贡献了诸多资源。

雷军有句名言：站在风口上，猪都可以飞起来。如何精准地“捕捉风口”？吴晓波是个中高手。

2012年，微信推出公众号，新的红利风口喷薄而出。互联网的崛起给报纸、电视和杂志等传统媒体带来了巨大挑战。移动互联网的发展使手机从单一的通信工具，变为可以上网阅读，接收彩信、飞信，订制新闻的多媒体。有数据统计，截至2015年6月，我国网民规模增长至6.68亿，而报纸、杂志、广播的受众则明显下降。

传统媒体的式微和自媒体浪潮的来临，让吴晓波嗅到了危险的味道，他觉得“天”变得比想象的快，他所依赖的传播平台在“塌陷”。吴晓波曾这样写道：旧传播平台在塌陷，而新的世界露出了它锋利的牙齿，要么被它吞噬，要么骑到它的背上。

善于抓住时机的吴晓波决定向旧时代告别，投身移动互联网时代。而这一步正是他向超级个人经济体迈进的关键一步。2014年，吴晓波关掉了所有专栏后，带着三名年轻同事开始创业，成立“巴九灵”公司，并注册了公众号“吴晓波频道”。

吴晓波的转型非常成功，他凭借在传统媒体时代打造的个人IP资产，迅速在自媒体浪潮中获得第一批红利。吴晓波频道上线两年半，用户从0增长到200万（如今已经增长到400万），月均增长率高达10%，是国内最具影响力的个人财经新媒体。

如今，吴晓波通过每年的“遇见系列年终演讲”对中国经济发展进行预测，在研究中寻找新的风口，而他个人也通过一系列的商业实践去验证这些预测，收割更多的风口商业价值。

线上+线下多渠道商业变现

这是一场迅猛的商业变现，以吴晓波个人IP为起点，在各个领域开花结果。

吴晓波对“变现”从不避讳，他坦然地面对商业中的一切变现。“要做中国第一个年营收过亿的个人IP知识付费产品。”2017年，吴晓波在“变现大过天”的私享会上，很坦然地提出他对吴晓波频道的变现目标。

“如何变现”是观察企业发展、研究商业模式的吴晓波历来比较擅长的事情。吴晓波频道的变现，走了一条线上+线下协同的多渠道商业变现之路，他的变现之路值得当下每个崛起的个人经济体学习和借鉴。

吴晓波频道的变现方式主要有四种：自媒体运营、知识付费、社群和电商。

首先是自媒体运营的广告收入。这是目前很多通过自媒体创业的个人经济体所依赖的变现模式。吴晓波频道的自媒体运营主要有公众号专栏和视频两种形式。2014年，吴晓波频道开始在每周两篇财经文章中插入商业广告，这在当时还引发了不小的讨论。在移动互联网时代，不管是购买支付，还是与消费者的互动，通路彻底扁平化，让自媒体优质内容的价值被不断放大，依靠内容和流量产生的商业价值爆发，而个人也具备了价值更大爆发的能力。

其次是知识付费业务的收入。主要依托吴晓波个人财经知识的分享，主打“每天听见吴晓波”，会员费180元，截至2021年3月23日累计更新了1500期。官方数据显示，有70万人购买了“每天听见吴晓波”，仅这一项，年营收就超过1亿元。

最后是社群和电商的收入。社群和电商是自媒体变现十分重要的一环。吴晓波在全国100多座城市建立了“吴晓波书友会”，一年组织2000多场活动。从2015年开始，吴晓波举办每年一场的年终秀，门票和广告能带来一笔不小的收入。此外，还有城市圈和企投会，企投会主要针对上市公司的企业家和年投资额500万元的投资家，学费高达8.98万元。

吴晓波最著名的社群电商案例是“吴酒”的营销。2015年6月18日，吴晓波频道开卖由自家岛上出产的杨梅制造而成的杨梅酒，取名“吴酒”的杨梅酒每瓶定价199元，33个小时卖掉了5000瓶，入账近100万元。后来吴酒推出了新年贺岁酒套装，72个小时限时卖出3.3万套，入账超千万元。

第二年，吴酒发起认养杨梅树的社群新玩法，吴晓波拿出1000棵岛上的杨梅树，社群内的用户只须支付1万元，就可以认养两年并获得价值1.6万元的吴酒及衍生品，待认养的杨梅树上线10天就被一抢而空。同年，吴晓波还用直播的形式航拍吴酒的杨梅产地，在优酷上吸引了522万网民围观，火爆程度堪比当红偶像。

吴晓波不仅自身具有不可替代的核心资源，还具有整合外界资源的强大能力，然后综合实现商业变现。可以说，这是一场迅猛的商业变现，以吴晓波个人IP为起点，在各个领域开花结果。

直播“大败局”——卖了“十五罐”

在2020年，不看直播，不做直播，那就是白过了。这句话是直播进行到一个小时左右的时候，脱口而出的。那时，我对这场“新国货首发”还信心满满。四个小时后，我瘫坐在永艺的办公椅上，突然有种巨大的不适感和身心疲惫。

第二天，数据出来了。根据优达人、知瓜和小葫芦等第三方平台的统计，观看人次830万、最高时同时在线4万，客单价695元，交易金额2200多万元（后来发的战报，把定金换算成商品售价，“引导交易额”成了5000多万元）。再接着，网上出现了一个截屏：一家乳业公司在我的直播上只售出了15罐三段奶粉。业绩惨淡，辜负信托，当然更要复盘反思，否则学费就白交了。

为这场直播首秀，我算是铆足了劲，甚至比日常的授课乃至年终秀，都投入了更多的精力。在一个多月的筹备期里，我看了李佳琦、罗永浩、汪涵等及其他四个直播网红的视频，还聘请专家定格解说。我参与了几乎所有的选品会。从预报名的上百个品牌中，最后确定26个上直播。它们全是细分行业的前三名，我之前去过其中一半的公司实地调研。又有10家企业派高管到杭州专门与我开会介绍产品，其中包括创维、永艺、贝医生、SKG和街景车的董事长。为了做出“首发”的调性，890投入上百万元专门搭建了一个场景化的直播空间。在流量资源上，淘宝直播很重视这场首秀，给予了流量上的最大支持。新浪微博成为联合出品方，进行了千万级曝光。890公司还投放了上海、杭州等七个城市的机场、高铁站和写字楼广告。为了提高销售额，团队还联系了林依轮、烈儿宝贝等四位头部直播网红，在（2020年）6月29日同期推荐“首发”上的几个产品。

“吴老师，绝对不会翻车的，因为我们已经把车的轮子都卸掉了。”临上阵前，一位同学信心爆棚地对我说。但是，还是翻车了。现在反思一下，翻车的原因有两个：一是我的表现，二是选品逻辑。

我是带着一本《2019新国货白皮书》走进直播间的，这是890不久前发布的一份3万字长篇报告，我自以为对新国货的理解可以帮助我更好地推荐这些商品。而就在那几天，由我主讲的六集大型纪录片《新国货》正在腾讯视频播出，每集的播放量都突破了2000万。

但是，这份自信害死了我。直播进行到一半的时候，我已经意识到，涌进直播间的人更多的是为了买东西，而不是来听课。我把大家喊成“同学”，其实，他们是“宝宝”。

在选品上，最早提醒我的是此次直播的主管莫可，她是淘宝聚划算的早期员工之一，有10年的电商经验。她一再警告我，要多上百元以下的流量款，特别是在其他直播间得到过验证的商品。然而，我坚持自己的选品逻辑。最终上直播的26个品牌中，1/3是第一次尝试直播，1/4是的的确确的全网首发，有6款商品的直播价超过2000元。那款最终成了“网上笑话”的奶粉，是我坚持要上的。

我的逻辑是：自“三聚氰胺”事件后，国产奶粉经历了惨烈的信任爬坡期，在每年的海淘商品中，进口奶粉多年排名第一。而在过去的几年里，中国乳业已经彻底摒弃了“农户+工厂”模式，它们从种草开始，到养牛、制成品实现了全面闭环。在配方研发上，它们更关注中国妈妈和婴儿的体质特点。我去过多家乳业公司实地调研，深信国产奶粉的脱胎换骨。而此次上直播的瑞哺恩是蒙牛在新西兰自建牧场和生产线后的一款新品。

直播中说道：新中产海淘再买奶粉的时代，真的可以结束了。好国货让我卖成了“十五罐”，当然是我的逻辑在直播间里失了效。在这里打脸三百下。

节选自《吴晓波：十五罐》

2020年6月，像往常一样平常，在自媒体如鱼得水的吴晓波，突然被多家媒体一起送上热搜。“吴晓波翻车”的关键词一度被顶上榜首，这个免费的热搜来得有点烫手，把吴晓波送到了“名人直播翻车第一人”的尴尬位置。

事情的经过是这样的，吴晓波第一次试水直播带货后，很快网上就开始流传：某奶粉商家花了60万元坑位费进吴晓波直播间，才卖出15罐，其中还有3罐被退了回来。这也是“均价4万块钱奶粉”梗的由来。针对这件事，吴晓波特意写了一篇题为《十五罐》的文章，称“没有翻过车的2020不值得度过”。

曾经在互联网上动辄单品销售超千万的吴晓波，为何在带货直播间里就不灵了？

从吴晓波《十五罐》的文章里可以看出他的用心和努力，可以说台前幕后、营销造势、理论研究、实战借鉴面面俱到，现实却愁云惨淡。潘长江、宁静、杨坤、李湘、小沈阳等名人直播带货也是频频翻车，由此可见，吴晓波直播带货翻车并非个例，而这背后的原因到底是什么？

此前，吴晓波的各种商业实验百试百灵，其实是建立在精准的自我定位和对目标受众不断细分提炼的基础上的。早在2015年吴晓波就为吴晓波频道做出清晰的定位：认可商业之美、崇尚自我奋斗、乐于奉献分享、拒绝屌丝文化的新中产。

当年，吴晓波旗帜鲜明地提出拒绝屌丝文化后，吴晓波频道曾一度每天掉粉五六百人。掉粉不见得是坏事，掉粉的另一面是目标细分群体的再次提纯。2015年，吴晓波频道提出新中产的概念，并从第二年开始每年发布新中产报告。吴晓波将生意清晰地定位于面向中产，以中产阶层的生活和工作方式为中心。

在这样的定位下，吴晓波的各种商业项目玩得风生水起。2019年，他更是提出三个商业模式创新：圈层社交、私域电商和会员制。其核心就是用心长期地经营目标客户，让其产生重复的交易行为。

在个人经济体时代，传统商业的定位理论依然适用，吴晓波自己也曾经说过这样的话：做一个产品，千万别想卖给所有人。同理，作为个人经济体，千万别想着对接所有类型的消费者。

一旦离开目标消费群体，就算是吴晓波这样综合能力一流的大咖，也是玩不转的。因此，有目标地耕耘好自己对应的群体，是互联网时代每个个人经济体的底牌。

吴晓波系的三大商业链条

与大多数扎根于某个领域做大、做强的个人经济体不同，吴晓波的商业版图多领域落地，全面开花，但归纳起来，大致可以分为三大板块。

大多数个人经济体的发展路径是选定一个方向做深。吴晓波属于个人经济体里走得比较超前的，他的个人经历造就了其较高的发展起点和更加开阔的视野格局，以及可以整合到更多的资源。按照业务的链条式发展统计，围绕吴晓波这个超级个人经济体产生的商业链主要有三条。

第一条是蓝狮子文创业务，这也是吴晓波事业的起点。

2005年，贝塔斯曼出版业务计划退出中国，吴晓波接手了贝塔斯曼旗下的“蓝狮子”品牌，成立杭州蓝狮子文化创意有限公司。三年后，蓝狮子的业务触角延伸到企业出版服务领域，为很多知名企业、企业家出书立传。

2012年，蓝狮子启动商业融资，向数字化转型，构建了策划、生产与分发的全链条业务，目前是互联网内容分发平台最大的财经内容供应商之一。三年后，皖新传媒以1.57亿元现金收购了蓝狮子45%的股权，仅此一项，吴晓波的账面身家就达到1.18亿元。

第二条是围绕“吴晓波频道”开展的相关业务。

目前，吴晓波最破圈的身份是公众号“吴晓波频道”的创始人。“吴晓波频道”作为吴晓波从传统时代向新时代迈进的主阵地，是他在互联网上的“扩音器”，也是他施展各种商业模式的平台。目前，吴晓波频道的商业模式有四种：自媒体运营、知识付费、社群和电商。这方面的内容在上一节做了详细介绍。

第三条是围绕“投资”开展的业务，这也是真正为吴晓波创造巨额财富的板块。

2015年，吴晓波与普华集团董事长曹国熊发起成立了头头是道投资公司，专注于文化产业投资方向，核心业务覆盖泛娱乐、消费升级、教育、体育四大赛道，覆盖从天使到Pre IPO所有阶段的项目轮次，代表项目包括喜马拉雅、吴晓波频道、一条、十点读书、乐刻体育、果麦文化、亭东文化、磨铁图书、嗨课堂、创业黑马、墨迹天气、小鹅通等。根据天眼查提供的信息，头头是道管理基金14个，对外投资基金5个，公开投资项目152个。

曹国熊曾在接受媒体采访时表示，虽然内容公司没有那么容易上市，也没有太多机会成为独角兽，但是在理想情况下也可以做到数十倍的回报。

在互联网时代，一旦形成单点突破，资源汇集的速度会比传统社会快得多。大规模吸附资源的能力，是互联网时代的另一个特征。吴晓波在构建了强大的个人IP后，拥抱自媒体平台，打造了“吴晓波频道”，很多资源就会主动吸附而来，形成更大的阵势。

如何利用这些庞大的资源创造更大的价值，是每个发展到一定程度的超级个人经济体面临的问题，而吴晓波等先行者的经验尤为宝贵。

第三节

樊登：拉新裂变与私域运营

成立8年，樊登读书的用户达到5000万+，年营收超10亿元。讲书人樊登用个人IP为核心资产，通过代理商模式、裂变增长、下沉市场和读书年卡等一系列组合拳，打造了互联网时代超级个人经济体的精彩商业故事。

私域流量池里的炼金术

樊登读书自带强烈的社群基因，这也是它能打通私域的基础。

几年前，很多人都刷到过这样一则新闻：女大学生在网上售卖“晚安短信”，五年赚了上百万。故事的主人公叫玖妹，最先开始在淘宝上售卖晚安短信，一块钱一条，服务内容就是向客户指定的人发送晚安短信。看上去没什么技术含量的事，却能做成一门受人欢迎的生意，这就是互联网时代带来的有趣生意机会。

樊登通过贩卖“阅读”也做成了一门有趣的生意。通过贩卖“阅读”，樊登读书9年来用户突破5000万，盈利超10亿元。和玖妹在淘宝这样的公域流量池里捞生意不同，樊登的生意是从私域起家的，慢慢通过会员的裂变、短视频的运营等，从外面将流量捞进私域进行培养，从而形成稳定的会员群体。

2013年，作为老师的樊登，在课堂上给EMBA班的学生推荐了一些阅读书籍。“我发现，推荐的这些书，他们只买不读。”樊登针对这个问题开始想解决办法。他把自己读过的书做成PPT通过邮箱分享给学生。然而，樊登辛辛苦苦制作的PPT，学生依然没有看。

樊登没有放弃，他又想到一条妙计，拉了一个微信群，按着语音键一段一段地讲书，以60秒+60秒……的语音分享开启了樊登读书的雏形。从2013年开始，樊登每天在微信群里定时给大家讲书，一年讲50本，群成员一年交365元的年费。

樊登读书从诞生之日起，就自带强烈的社群基因，这也是它能打通私域的基础。众所周知，樊登读书的第一批会员主要是樊登的学生，后来又通过朋友圈扩散，仅一周时间，樊登读书的微信群就由一个变成了两个，两个月后发展到了八个，很快有上千人成为樊登读书的会员。

樊登读书的创业之路看上去一帆风顺，但其实从大层面上看图书产业并不是一个好的赛道。2013年，地面书店的图书零售再一次呈现出负增长的局面，线上图书零售竞争激烈，大家都杀红了眼。10年后，这一局面并没有得到扭转。图书产业信息咨询服务商开卷调查的数据显示，2022年第一季度，图书零售市场再度转为负增长，同比增长率为-13.28%。

图书产业大环境这样低迷，樊登为什么可以在红海领域创造出一个新的蓝海市场？这背后蕴藏着两条亘古不变的商业逻辑：精准发现需求和用合适的方式满足需求。

樊登发现阅读需求有一则小故事。北京有一个特有钱的房地产老板，想读书但又没耐心，于是专门花钱雇了两个大学老师为他读书，每人每月读书工资3万元。每天晚上这位老板在公园跑步的时候，老师就跟在后面开始读书。樊登觉得这是个需求，有需求就有市场。

需求背后的巨大市场，让樊登实现了财富的快速积累和个人名气的持续放大，他的个人IP已经成为读书品牌符号，其商业价值不可估量。到2020年，樊登读书的营收达到了10亿元左右。用樊登自己的话说:“在疫情期间做到近乎一倍的增长。”

大家又要问，市面上那么多人讲书，其中不乏专门听书的App，里面有声音洪亮、字正腔圆的专业播书人，为什么唯独樊登读书做成了现在的规模？为什么同样的赛道，唯独樊登做得更成功？这背后既有产品力的问题，也有私域运营的技巧。

在最起初，樊登讲书的方式就别具一格，并不是干巴巴地将书里的精华语句摘录汇总，而是将书中内容与现实生活及自身感悟结合，用化学式的解读牢牢吸引住了一大批会员。其中最核心的竞争力还是樊登个人的讲书能力。樊登将这归因于三个方面的训练：一是大学辩论队的专业训练，使得他的逻辑性提高了不少；二是在央视做主持人期间，跟着崔永元学会了如何将内容讲得有趣；三是教EMBA的经历让他知道了讲什么内容听众更受用。

在讲书内容的选择上，樊登也比较注意，会倾向于选择事业、家庭和个人心灵成长类的书籍。樊登读书主要讲三类书：事业、家庭和心灵成长。樊登认为，把人们吸引到书桌前最好的方法，是让他知道读书是有用的，是生活的必需品。其中，事业、家庭和心灵这三个层面的工具性、实用性最强，能很快被读者接受，并投入下一次行为中，“我希望，我讲的每一本书都要能让用户生活变得更幸福、更快乐”。进入樊登读书，发现他讲的书确实集中在这三类，事业类的如《硅谷钢铁侠》《危机领导力》《创始人》等；家庭类的如《亲密关系》《正面管教》《忙爸爸也能做好爸爸》等；心灵启发类的如《轻疗愈》《宽恕》《正念的奇迹》等。这些书籍门槛低、适用性强，容易与用户产生连接和互动的话题点，能够有效激发私域池内会员的活跃度，从而产生更大的用户黏性。

樊登认为，好的内容不在于侵占用户的时间，而是帮助用户过好淡定从容的生活。内容不能以透支自己的能量和毅力为代价，内容一定要具有可持续性，越做越轻松、越做越从容才是好的内容生产方式。

此外，产品力还体现在产品的丰富性上，樊登读书App里有虚拟课程、训练营产品、图书产品、主播培训等丰富的内容产品，可以满足多样化的用户需求。

私域流量运营和公域流量运营相比有哪些优势？其最大的优势就是确定性和成本优势。从目前的数据看，各大互联网企业的获客成本在不断攀升，公域流量的增量空间在逐步收窄，新增流量成了稀缺资源。因此，获客成本成了评价互联网平台企业是否长期可持续增长的关键指标之一。

表3-1　各大互联网企业的获客成本

平台	获客成本/元			
	2018年	2019年	2020年	2021年第一、第二季度
微博	52	60	59	55
快手	31	88	139	177
B站	29	39	51	65
拼多多	—	160	206	432
京东	603	390	246	316
美团	174.6	375	347	187

基于企业微信的私域流量池成了一块宝藏。有数据统计，微信凭借黏性极强的社交属性和日活已破5亿的小程序成了私域流量汇集的主阵地。樊登读书的生意之路就是从微信生态的私域流量开始的。在当时，如何打好私域运营这张牌，成了樊登读书能否做大的

关键。

做好私域运营的关键：掌握私域在长期沟通与互动中建立信任关系的能力。樊登读书在这一点上做得可圈可点。比如，在樊登读书的企业微信社群里，更多能看到的是关于一本好书的解读文章、解读视频，核心的事情是“只管推荐好书，讲好书”。私域基于社交关系所附带的商业动作，会让消费者更乐意接受，也能更好地了解图书本身。

随着微信视频号直播的兴起，樊登读书开始在视频号上进行直播，很多人表示：“通过对一本书的讲解，让你自然而然地想去下单，有点像种草。”2021年双十一，樊登读书做过一次会员大促，一星期卖出总计3亿多元的会员费，读书节期间销量超过4亿元。

像宝洁一样做下沉市场

樊登认为，樊登读书在线下卖会员的方式，其实和宝洁卖洗衣粉的方法差不多，读书会的利润更高，这样分给各级代理的钱也更多。

个人经济体在经营上面向大公司“借用”一些已经成熟的营销方法，可以行之有效地运用在自己的个人品牌经营中，将事业做得更大。樊登读书做下沉市场的故事，就是个很好的案例。

樊登读书让人称道的代理商模式，背后还有一些有趣的小故事。有一个版本的故事是这样的：樊登之所以想到要发展代理商模式，是因为有一次他去主持一个化妆品大会，有位商业大牛跟他说，中国所有的商品只要能下到县里，绝对过10亿。还有一个版本是：樊登的很多朋友都在宝洁工作过，包括联合创始人王永军，更容易学到宝洁代理体系的精髓。于是樊登就决定学习宝洁，把樊登读书的代理体系搭建起来。不管是哪个版本的故事，讲的主要内容是樊登读书的代理商模式。

我们先来看看宝洁当年是如何在中国做下沉市场的。1988年进入中国市场的宝洁，10年后遇到了发展瓶颈，主营收入从1997年的80多亿元下降至1999年的39.17亿元，其中对宝洁最具战略意义的洗发水，市场占有率从60%跌到了40%。当时的宝洁被危机笼罩，他们将带来危机的外部原因归结为两点：一是联合利华等老对手的发力，二是中国本土市场的低端破坏。

当时，宝洁打算用低价策略开发一直被忽视的低端市场。这就是日化行业著名的“宝洁瘦狗”之战。产品方面，宝洁向市场投放了两条瘦狗：飘柔九块九和汰渍两块五。在渠道下沉方面，宝洁通过分销商制度推出了“三次下乡运动”。第一次下乡主要做乡村路演。1996—1999年宝洁在全国数万个村镇开着彩车、敲着锣鼓，通过产品的现场演示做消费者试用体验，与农村消费者“面对面”地路演。第二次下乡主要借助分销商的力量。宝洁倡导一级分销商去城市开办分公司，以及发展二级分销商，把产品覆盖的区域扩大到乡镇，并给分销商配备卡车，开始了车载式销售。第三次下乡，宝洁借道商务部“万村千乡市场工程”把产品打入大量农家店。

宝洁三次下乡之后的商业落地主要依靠分销商实现。分销商制度很快让宝洁的渠道下沉到广大的三、四线市场，使得宝洁成为中国日化市场的巨无霸。

樊登认为，樊登读书在线下卖会员的方式其实和宝洁卖洗衣粉的方法差不多，但是读书会的利润更高，几乎全部是利润，这样分给各级代理商的钱也更多。

所谓城市代理是指不同省份、城市的会员可以申请成为樊登读书的代理商，在地方设立分会，一方面，分会以销售樊登读书年卡的方式发展会员，获得利润分成；另一方面，地方分会也是承载会员线下活动的重要组织。

樊登认为，读书不仅是一、二线城市精英阶层的需求，三、四、五线城市的用户也有这样的需求。在下沉市场中，熟人关系链、线下交流洽谈对于产品成交是非常重要的。因此，樊登模仿宝洁卖洗衣粉的模式，把代理分为三级：省级代理、市级代理、县级代理（宝洁是区域代理、地区经销、分销批发）。

公开资料显示，樊登读书的省级代理以大城市为基础，代理商发展用户A，A发展B，B发展C……代理商的下层用户，即使没有成为代理商，也不是读书会会员，而只是App的注册用户，在App个人中心也能生成分销海报，下层用户分销出去就能赚到钱。

目前，樊登读书拥有270多家市级合作中心、1400多家服务中心、100多家海外合作中心，分布在洛杉矶、多伦多、新加坡、墨尔本等城市。

樊登读书的主营业务包括内容生产（书籍解读、课程产品）、出版合作（图书出版、版权合作）、线上电商（文创产品、心选好物）和线下书店（阅读空间、活动体验）。

2016年底，樊登读书开始在全国各地开设书店，樊登书店在地方也采用加盟的轻资产模式，地方有开店意向的人可以提出加盟申请，审核通过后即可开店。“我们的线下书店偏重于走到各个县区、乡镇，走到全国能走到的最基层的地方。”事实上，在樊登的战略中，并不指望通过书店来赚钱，更多的是将书店作为在地方发展新的读书会员的渠道。

拉新裂变的滚雪球效应

> 樊登本人笃信“幂次法则”，他认为：“只要有1000个忠实会员愿意为他的知识付费内容买单，并推荐给家人或员工听一听，这事就成了。”

樊登读书已经发展了九年，在商业领域为什么能够一直保持持续增长，且稳定盈利？这是很多发展中的个人经济体关心的问题。由于互联网的快速聚合效应，很多人凭借流量的暴增一夜走红，但这种“暴富”式的个人经济体在商业层面，很多都不能长久，很快消弭于无形之中，沉寂在互联网的汪洋大海之中。

因此，分析樊登读书的商业模式对渴望将事业做得更长久的个人经济体而言，是非常有借鉴意义的。

樊登读书的成功和他的商业模式密不可分。樊登曾在接受媒体采访时表示：“一开始，我就知道它（讲书）是个商业模式。”

由此可见，拥有丰富创业经验的樊登在开始做讲书这件事情时，内心就有了清晰的产品定位和盈利模式。清晰的产品定位和有效的盈利模式让樊登读书很快活了下来，而如何做大做强，又是另一个要讨论的话题。

樊登本人笃信“幂次法则”，他认为，只要有1000个忠实会员愿意为他的知识付费内容买单，并推荐给家人或员工听一听，这事就成了。

“幂次法则”，也称为“二八法则”，由罗马尼亚管理学家约瑟夫·朱兰提出，与意大利经济学家维尔弗雷多·帕累托的理论密切相关。帕累托在1906年提出了著名的关于意大利社会财富分配的研究结论：20%的人口掌握了80%的社会财富。这个法则又称为80/20法则。朱兰博士在管理学中采纳了帕累托的思想：在任何情况下，事物的主要结果只取决于一小部分因素。

其实，这1000个忠实会员是樊登读书做大的关键，他们不仅是年卡的消费者，更是樊登读书品牌传播+业务拓展的种子，是迅速打开增量市场的钥匙，也是樊登读书成立后短短几年，年会员达5000万、销售额冲破10亿元的核心驱动力。

知识付费型产品先天带有能够快速裂变的优势。和很多工业产品每件有固定的成本不同，知识付费产品一旦制作完成，卖1份跟卖1000份的成本是一样的，越到后面边际成本越低甚至几乎为零。因此，知识付费产品在渠道拓展的利益共享方面，比工业产品有更大的操作空间。比如，在朋友圈做微商卖一件零售价200元的产品，首先要扣除100元的成本，剩下100元是利润，这时如果再分一部分给分销商的话，每个人分到的钱远远低于100元。但知识付费产品的边际成本趋于零，同样以200元的价格卖出，就算给分销商一半的利润，每人也能得到100元。因此，知识付费产品有更大的利润空间来鼓励分销商的发展，以及吸引更多的人成为分销商。

事实的发展也是如此。2013年创建初期，樊登读书通过朋友圈扩散，吸纳了大量会员和代理商，由于给代理商的利润丰厚，一年后，全国30个省市都有了他们的代理商。代理商在各个城市负责做线下活动，快速拉入新人。樊登读书发售了实体会员卡，代理商低价进卡，然后自行销售赚取差价，这一招既快速回笼了资金，又倒逼代理商努力去发展新会员。樊登读书的增长是代理商裂变驱动的，而代理商的数量是没有上限的。

除了代理拉新，樊登读书还做过多种免费的活动纳新。这就不得不提上面讲过的边际成本趋于零的知识付费产品在消费者拓展时的优势。樊登读书做过几次免费领付费会员的裂变活动，也和大平台合作过免费送付费会员的活动，通过这两种运作方式，新增了一大拨用户。这对樊登读书而言，并不会增加什么成本。

樊登读书裂变式拉新的本质就是老用户带新用户，比如老用户邀请新用户注册，可以延长三天会员，送的这三天会员基本没有成本，但这一举动，不仅可以增加老用户的黏性，还能吸纳新的成员，可以说是用最低的成本实现了多方的互利。

对于增长速度，樊登在接受媒体采访时表示："其实比我预期的慢一点，指数型的组织增长非常快，三四年时间做到几亿用户是很正常的一件事，樊登读书是偏传统教育出版的，和这些行业比起来会显得我们很快，但和互联网比就很慢。”

其实如我们上面所说，无论新增多少会员，樊登读书的成本并不会额外增加多少，裂变增长能很好地降低获客成本，因此樊登读书用可控的成本就可以打开海量的增量市场，这实在值得众多想要将事业进一步做大的个人经济体学习和借鉴。

直播+短视频+赋能=流量矩阵

在如今的短视频运营环境下，仅凭一个人、一个账号做成顶流的难度系数实在太大，而樊登通过搭建矩阵模式，用曲线救国的方式成了短视频界的“顶流”。这些流量矩阵形成的强大聚合效应，在达成生意成交的同时，使樊登在零成本的条件下，获得千万级别的曝光量。

网上曾经有一个很有意思的问题：抖音平台最赚钱的人是谁？网友们的答案有些出人意料，不是李佳琦，而是樊登。据统计，樊登在抖音上有600多个账号，全网拥有粉丝接近1亿。

看到这里，大家不禁要问，600多个账号，樊登老师操作得过来吗？操作得过来，因为他不是一个人在战斗。

虽然每周四樊登会现身樊登直播间，用一种独属于樊登的慢节奏，推荐一本书，带着嘉宾聊一本书，或者和粉丝们问答互动。和卖货直播间里“来，321上链接”“宝贝们，准备开抢了噢”“动动手指赶快下单”等吆喝相比，樊登的直播间更像是一场知识分享会。就是这样“慢节奏”的樊登，却通过直播、短视频等新的渠道和方式赚到了大钱，这背后的关键就是：樊登善于用借力思维，赋能他人，搭建流量矩阵，为自己赚钱。

“用借力思维赋能他人搭建矩阵”这个模式并不是樊登独有的，辛巴、散打哥这些做到一定规模的短视频博主，早就招募了合伙人，或者收了徒弟，目的就是用借力思维，让更多的人为自己赚钱。

虽然都是借力思维，樊登的做法和辛巴、散打哥有明显的差别。打个比方，张三通过授权成了樊登读书的直播服务商，按照授权规定，他可以在抖音、快手平台，以樊登读书官方授权账号的身份，进行短视频内容的发布，直播销售樊登读书的相关产品。张三发布的内容基本上是樊登的视频，换句话说，樊登靠个人IP的影响力，为数百个这样的授权账号输出可促进销售达成的内容。而辛巴、散打哥的借力思维，更像是娱乐经纪公司的操作方式，通过捧主播、帮助新主播养账号然后分成的模式赚钱。所以，虽然都是借力思维，但在商业本质上是不同的。

短视频平台上，樊登拥有的数百个账号，大多数都是服务商打理的。服务商发发视频、挂挂小黄车，就能够通过信息流卖课、卖会员来赚钱。这种通过个人IP驱动赋能服务商的模式，相当于微商与传统渠道代理的升级版。

短视频平台也是樊登形成庞大社群的关键一步。在如今的短视频运营环境下，凭一个人、一个账号做成顶流的难度系数实在太大，而樊登通过搭建矩阵的模式，用曲线救国的方式成为短视频的“顶流”。

一方面，这些流量矩阵可以形成强大的聚合效应，再次提升樊登的个人品牌，零成本获得千万流量级别的曝光度。另一方面，庞大的短视频账号数量，说明樊登招募的服务商越来越多，随着各账号粉丝数量的增加，被樊登吸引的目标受众也越来越多。

如果将这些短视频矩阵里的受众看作一个社群的话，这些公域流量池里的受众，将是樊登读书私域流量转化的目标对象，为樊登未来更多地变现提供了基础。

第四节

产业链式个人经济体下一步

个人印记是把双刃剑

2019年9月27日晚，全通教育（300359.SZ）发布公告称终止收购吴晓波频道主体公司——杭州巴九灵文化创意有限公司（简称“巴九灵”）。

“受宏观经济环境、上市公司及标的资产经营情况、重组政策变化以及股票二级市场价格波动等因素影响，交易双方未就重组方案中的交易定价、业绩承诺与补偿安排等要素达成最终共识。”公告中如此解释终止收购的原因。

——界面新闻

2022年8月2日，据深交所披露，罗振宇名下的北京思维造物信息科技股份有限公司（简称“思维造物”）于7月31日提交撤回发行上市申请文件，深交所决定终止对思维造物首次公开发行股票并在创业板上市的审核。

对于终止上市，思维造物实控人罗振宇在内部信中表示，基于最近和监管部门的沟通，以及当前市场环境等多方面因素的综合考量，公司决定暂时撤回国内上市的申请，并表示“一切都是最好的安排”。

——环球老虎财经

继2019年吴晓波的巴九灵打算以15亿元“卖身”全通教育曲线上市计划流产后，2022年罗振宇的思维造物终止IPO，吴晓波和罗振宇这两位知识付费界的顶流成了一对难兄难弟，相继梦碎A股。

全通教育发布终止收购公告后，另一个老罗——罗永浩马上跳出来，在微博上发文，把几个月前吴晓波点评锤子手机“败局”的话，原封不动地还给了吴晓波：失败的原因其实很简单，一是梦太大，二是入错行。

从财报上看，思维造物是赚钱的，2021年实现营收8.43亿元，净利润1.25亿元。在全通教育打算收购巴九灵时，巴九灵的财务报表也是正向增长的。2017年，巴九灵营收1.9亿元，2018年增长到2.3亿元，净利润也是逐年增长。相比破落户全通教育而言，巴九灵称得上是优质资产。

那么，为什么吴晓波、罗振宇冲击IPO还是失败了呢？

巴九灵和罗辑思维IPO失败的根本原因，是有关部门对“个人IP证券化”后业绩可持续的担忧。说白了，就是有关部门觉得，这两家公司的业绩，太依赖吴晓波、罗振宇这两个大人物个人的影响力了，一旦个人IP出问题，公司后续发展无力。

当年，深圳证券交易所两次对全通教育发函问询，讨论的焦点就是：巴九灵对吴晓波个人影响力的依赖度、吴晓波个人IP的价值变化及可持续性，以及新型社交媒体迭代速度对巴九灵持续盈利能力的影响。

无独有偶，被深圳证券交易所问询了21个月的思维造物，也遇到了差不多的质疑：思维造物商业模式的创新性、可持续性。显而易见，可持续性的质疑主要指过度依赖罗振宇个人IP，假如个人IP吸引力下降，就会直接影响思维造物的盈利能力。

交易所的顾虑并不是没有道理的，虽然吴晓波、罗振宇两个人是个人经济体中的先行者，其名下的企业巴九灵和思维造物日常的业务开展也已经向有序的组织化运营转变了，但是仍然没有办法摆脱两人的个人印记影响。

独立分析师于斌曾在接受《中国经营报》记者采访时说：“个人IP的企业对投资人来说风险极高，因为个人不是产品，是附加在个人身上的品牌价值，这对企业来说是一把双刃剑，可以给企业带来价值，但也会给企业带来无形的风险。”

巴九灵下属的吴晓波频道，完全和吴晓波个人捆绑在一起，主要依靠吴晓波很早之前就建立起来的个人IP影响力吸引用户流量，并且向新中产阶层推广以吴晓波为中心的培训服务和知识付费产品。

思维造物就更不用说了，罗振宇是公司的创始人、董事长，也是跨年演讲活动的唯一主讲人、启发俱乐部主讲人，虽然跨年演讲、启发俱乐部的内容是由课程研发团队共同创作而成的，但活动宣传、组织准备都是围绕罗振宇进行的。这一点也得到思维造物的官方承认：如果罗振宇先生未来不再参与公司业务宣传或跨年演讲、启发俱乐部等活动，公司业务开展可能会受到一定的影响。

强烈的个人印记对发展到一定体量的个人经济体来说是把双刃剑，是通往IPO的绊脚石，但在早期，这种明星式的个人IP在业务层面能快速给公司带来流量和关注度，促进公司发展。

在这个方面，吴晓波有过一段精彩的发言：在互联网营销中有一个特别有趣的现象，而且越来越明显，就是品牌的人格属性。几百年前，几千年前，农耕文明时期，我们用的很多东西，都是用人的名字命名的，比如张小泉剪刀、王星记扇子。这是因为每一个人除了要考科举以外，一生就生活在50平方公里以内。你在这50公里以内，卖的东西都是卖给你的乡亲的，当你卖给乡亲的时候，你作为一个人，最大的信用是你的名字。现在我们又回过来了，通过互联网上的熟人关系来卖酒，这里面是我的人格在做背书。

实际上也是这样，不管是吴晓波、罗振宇，还是樊登，很多消费者都是冲着对他们的信任和喜欢掏钱的。

多年前，罗振宇在《迷茫时代的明白人》一书中对“罗辑思维过于依赖罗胖个人IP怎么办”，做了一个精彩的假设：

> 有很多人在问，《罗辑思维》有确定性吗？万一你罗胖哪天出车祸死了呢？或者你哪天厌倦了不想干了，这个商业模式不就垮了吗？
>
> 我的答案是两条：第一条，垮了就垮了，那它就是回归了生态系统。生态系统的生物就像草一样，一岁一枯荣，有生有死，这难道不正常吗？为什么要追逐那种控制，一定要基业长青呢？“老而不死，是为贼”，如果没有了生命力却还苟延残喘着，那叫吸血僵尸。何必要追求长久？第二条，如很长久怎么办？还是回到生态系统。

很显然，从思维造物前后七次拼命冲击IPO的实际行动可以看出，罗振宇并没有自己假设得那么洒脱，虽然他在事后仍然强撑着说：“一切都是最好的安排。”

去个人IP化任重道远

在吴晓波还在对自媒体保持观望态度的时候，罗振宇狠狠地“推”了他一把：“你知不知道吴晓波的品牌比蓝狮子还大？”

个人品牌价值比公司大的后果就是，发展到一定的阶段，得到App不得不策划“杀死”网红罗振宇的行动。

如何不将鸡蛋装在“个人IP”这一个篮子里，摆脱对个人IP的高度依赖，既是吴晓波、罗振宇、樊登这些行业标杆面对的棘手问题，也是很多依靠个人IP发家的个人经济体做大后需要面临的大考。

樊登对这个问题的回答是：我不会刻意放缓个人IP的成长，去迎合那把尺子。话虽然这么说，内容创业一旦需要资本介入，都需要公司化运营。要把创业价值最大化，通往公众资本市场是一条绕不开的路。

不幸的是，个人经济体去个人IP化，目前在市场上还没有成功的完整案例可供参考，大家都在摸索当中前行。头部内容公司papitube、得到都在靠矩阵化和工业化模式，形成自己标准化的内容管理机制，希望借此逐渐摆脱对网红创始人个人IP的路径依赖。

2018年，papi酱的公司papitube，刻意将papi酱为papitube带来的

营收降低到50%，第二年进一步降低到30%。从公司运营的角度看，这样的业务比例仍然是高的。

巴九灵也正在淡化公司运营中吴晓波个人IP的色彩，比如把“吴晓波频道App”改名为“890新商学App”，想从自媒体向新中产知识教育平台迭代。但是到目前为止，吴晓波频道仍然主要依靠吴晓波的个人IP，很多用户打开App还是每日只听见吴晓波。

发展到一定程度的个人经济体如何去个人IP化是一道还没有解开的难题。不过，任何新生事物的出现、发展、壮大都是全新的，带有一些冒险和刺激，但有一点是毋庸置疑的，个人经济体的崛起已经是一股势不可挡的潮流，所有的破局都只是时间问题。

第四章

社交商业：个人经济体的先行者

第一节

罗振宇的跨年演讲与耶格的六城联动

罗胖的跨年演讲

2021年12月31日，五粮液成都金融城演艺中心，这座西南地区室内面积最大，可媲美维也纳金色大厅、香港红磡体育馆的演艺场馆内，罗振宇面对1.2万个空座位，进行“时间的朋友”跨年演讲。因为疫情，这场演讲的现场只能“万人空座”。

尽管空座，但当晚在线观看人数达到了上

千万人，第二天更是全网霸屏，受众过亿。尽管这次是空座，但这不是这个号称“罗胖”的男人的第一次1.2万人。2019年，罗胖在东方体育中心的跨年演讲，踏踏实实坐了1.2万人。

罗胖的跨年演讲始于2015年，那一年在北京水立方举行，现场观众约4600人。每一场跨年演讲，罗胖都会做足前戏，极尽营销之能事，利用互联网和他的社群受众，使得一场场演讲不但当晚爆红，而且第二天会全网覆盖。罗振宇的每场跨年演讲都有几千万甚至上亿的触达率，不但聚集人气，而且财源滚滚。

罗胖这场名为“时间的朋友”的跨年演讲爆红后，成为众多知识付费型个人经济体效仿的对象。比较出名的还有财经作家吴晓波、商业顾问刘润等大咖推出的跨年演讲。每一场跨年演讲，这些大咖不但赚得盆满钵满，更重要的是营造出了那种万众拥戴的感觉。

2016年，吴晓波也做起了跨年演讲。在随后的5年里，吴晓波跨年演讲的现场观众人数由1000人攀升至7000人，最便宜的票价也从1280元涨到了1980元，最高票价达到12800元。这样的变现价值让不少曾经在台上慷慨激昂的演说家唏嘘不已。

耶格的六城联动

时间拉回到30年前。

20世纪90年代，美国亚特兰大的佐治亚体育场，一场演讲正在隆重举行。这个体育馆曾因在1996年举办了第26届奥运会而被载入史册——那一年是现代奥运会的百年华诞。

德士特·耶格（Dexter Yager）当年在佐治亚体育场的演讲，没有炫酷的大屏幕，没有张扬的PPT，也没有罗振宇、刘润那种炫目的画面，更没有移动互联网的在线直播。耶格在舞台中央激情演讲，台下坐满了观众——不是4600人，不是1.2万人，而是7.5万人！

以上场景描述是一位名叫德士特·耶格的美国人举办的个人系统年会。这只是耶格举办的无数次万人演讲中的一场而已。他举办过众多巡回演讲，一场比一场火爆。

在佐治亚体育场举办了7.5万人的大会后，参与人数急剧扩大，后来美国再也找不出一个足够大的体育场馆，能容得下耶格系统内想参加大会的人，演讲会只能分散到美国6个地点独立进行。

耶格是社交商业领域的一代传奇，他引发的这一现象不仅仅发生在美国，如果到世界各地的耶格网络去看一看，你会发现，他的小组每年都会召开两次到十几次1.5万人以上直销商参加的年度会议。

耶格那个年代，还没有网络直播，更没有移动通信。如果互联网像现在一样发达，也许其演讲会的线上人数会力压罗振宇的跨年演讲。

耶格是种现象

就如罗振宇的跨年演讲是知识付费时代的一种现象一样，耶格的演讲其实是社交商业的一种现象。

在社交商业领域，举办万人或几万人的年会，之前是常有的事。每一场演讲的现场的火爆程度，更远超罗振宇。甚至有某社交商业企业在印度尼西亚举办过现场12万人的年会，演讲者乘坐直升机降落在舞台，欢呼的热浪如海啸般涌来。这些规模庞大的年会，除了企业平台举办的外，更多的是由成功的社交商业系统领袖举办的。

不管是新零售还是微商、直销，一些个人经济体经过指数级裂变，不管线上还是线下或是线上线下结合，均会衍生出庞大的团队。这个团队被习惯性地称为“系统”，这个系统的发起人则会被称为“系统创始人”，这种关系类似现在社群营销中的“社群”和“群主”的关系。

社交商业强调“人、货、场”，场景之一就是这种演讲。这让系统创始人特别注重，所谓“不开不会，一开就会”，历经几十年的沉淀，如何开好一场演讲，如何打造一个好的场景，系统的创始人们都积累了丰富、独特的经验。

与罗振宇的跨年演讲不同，这类会议强调的不只是卖货，更多的是社群的打造，然后在社群后期变现。而罗振宇们更注重直接变现，收入来源主要是门票和广告赞助。但这无损两者对演讲的热忱。

有社交商业媒体记者统计，在社交商业行业鼎盛时期，他如果每场邀请必到，那么要长期出差在外，加上赠送的海外旅游时间，他甚至可以一年都不用回家。以前传统的社交商业行业有个特例，搞完万人大会后，会有好几天的海外奖励旅游。许多系统创始人还会包邮轮，奖励让自己达标的业务伙伴，而在世界各地海域，常年漂着这类豪华邮轮。

但随着时代的变迁，加上疫情的影响，传统社交商业企业举办万人大会的越来越少，对系统领导人来说，只能是“此情可待成追忆”了。

第二节

你就是个人经济体

耶格就是典型的个人经济体

耶格是一位典型的社交商业个人经济体。

据百度百科介绍，这位美国人仅有高中文化程度，之前是一个卡车司机。1964年11月1日加入一家全球著名的社交商业公司，成为一名普通的推销员。这是一份兼职的事业，没有老板，也没有人发工资，所有的收益全凭自己去打拼——这意味着那个年代耶格的商业模式已经和今天热捧的“个人经济体”模式非常相似了。

凭借过人的智慧和努力，耶格迅速成为一名成功的个人经济体，时间自由，并且收入比卡车司机多多了。按照现在通俗的说法，耶格成了一名斜杠青年，并且迅速成为一个带货的小网红。

当时的耶格最多算个“腰部”，要成为顶流，唯有变革。耶格开始发现一个人能量的上限，单打独斗力量不足，于是，他摸索着开始了系统化的运作。

耶格认为，要打造一个自用型的网络。这基于他对人性的洞察。他认为人的本性是不喜欢推销的，没有人天生爱求人，人都喜欢被人求，所以推销是违反人的本性的。所以，业内基本上把这一年作为耶格系统真正的开始之年。另外，耶格系统除了这个消费和推销比例的分配理念特殊之外，还有两个理念：第一就是需要注重培训，第二是注重工具流的建立，所谓的工具流，就是系统化的销售工具。

这是他真正成立“耶格系统”的开始，并且迅速发展壮大。

1978年，耶格系统在美国北卡罗来纳州注册成立了Internet Services Corporation（英特莱德国际企业），这是耶格系统走向企业化发展的一个标志，其后期发展的速度惊人：其年会规模由20世纪70年代初的1万人，迅速发展到90年代初的7.5万人，以至于年会要分散到美国6个地点分别举行。这一现象不仅发生在美国，世界各地的耶格网络每年都会召开两次到十几次1.5万以上经销商参加的年度会议。

社交商业从业者的身份尴尬

既然耶格所处的是社交商业行业，那么，我们常说的社交商业是什么？

所谓的社交商业，从广义上来说，起源于美国哈佛大学著名心理学教授斯坦利·米尔格伦（Stanley Milgram）在1967年最先提出的“六度分隔理论”，即你和任何一个陌生人之间所间隔的人不会超过6个。依据六度分隔理论，用户能以朋友的朋友为基础，在SNS上扩展自己的人脉。

现在看来，当年的概念远远落后于现实。

随着互联网信任体系的完善，以及社群现象的兴起，陌生人之间的快速连接已经成为可能，这使得社交商业呈指数级增长，并变得易于实现。如今通过层层转发，一夜爆红的现象比比皆是，社交商业几乎无处不在，就连银行开户或是共享单车上线，都会推出拉亲友成为会员送奖励的服务，真正实现了“无社交，不商业”。

其实，此前最为人熟知的社交商业，不是拼多多，而是安利。

早在2015年，世界直销协会联盟在巴西里约热内卢举行世界大会时就提出过："直销是社交商业的鼻祖。直销领先社交商业130年。"

1886年，"雅芳之父"大卫·麦可尼（David McConnell）创办雅芳，这是现代社交商业的开始；1959年，美国安利创办，迄今仍是最成功的社交商业企业。

不过，直销兴起的时候，还没有互联网。相较于现代社交商业来说，直销是基于熟人社会的线下社交商业，而现代社交商业则是基于陌生人社会的线上社交商业。

社交商业都基于"六度分隔理论"，不过现在社交商业讲究的"六度分隔理论"，不是为了"找到那个人"，而是为了"编织一张网"，然后在这张网里开展商业活动。

这原本没有任何问题。你拉亲友成为会员会获得商家的奖励，这没毛病，几乎每个商家都这么做，要么送现金，要么送优惠券。但如果你的亲友的亲友成为商家的会员，你还能获得奖励，那么问题来了，你有可能涉嫌"传销"。

你也许会愤愤不平，这不就是社交商业吗？是的，这是社交商业，但在中国，只要你的收入来源于层级会员，就违背了《禁止传销条例》的规定。而许多社交商业领域的行为，例如直销、微商、社交新零售或类似概念的商业行为，与"传销"产生了微妙的关联。这让这类社交商业从业者的身份颇为尴尬。

而要区分“传销”与社交商业，关键是要明白什么叫“庞氏骗局”，因为传销不管如何变种，都是庞氏骗局的翻版。

“庞氏骗局”源自一个名叫查尔斯·庞兹（Charles Ponzi，1882—1949）的人。从1919年起，庞兹设计了一个投资计划，向美国大众兜售。他宣称，购买欧洲的某种邮政票据，再卖给美国，便可以赚钱。由于政策、汇率等因素，普通人确实不容易搞清楚国家之间的很多经济行为。其实，只要懂一点金融知识的人都会知道，这种方式根本不可能赚钱。然而，庞兹宣称，所有的投资在90天之内都可以获得40%的回报。他还给了人们“眼见为实”的证据：最初的一批“投资者”的确在规定时间内拿到了庞兹所承诺的回报。于是，后面的“投资者”大量跟进。1920年8月，庞兹破产了。他所收到的钱，按照他的许诺，可以购买几亿张欧洲邮政票据，事实上，他只买过两张。这样，“庞兹骗局”成为一个专门名词，是指用后来投资者的钱给前面的投资者以回报。

从这里可以看出，“传销”是一种典型的“买空卖空”的诈骗行为，而真正的社交商业，销售的是真实的产品和服务。

出于历史的原因，再加上一些别有用心的机构受到利益的驱使，打着各种社交商业的旗号行着“传销”之实，这使得社交商业被妖魔化和污名化。首先是直销被妖魔化，而其他社交商业如微商、社交新零售等，又与直销有着微妙的关系，同样正遭遇着妖魔化。

加之现在是一个“内卷”的年代，面对各种“卷”，社交商业从业者的身份面临尴尬。这种尴尬，既有来自社会的眼光，也有来自自身的不自信——我难道是这个社会的异类吗?

社交商业从业者就是个人经济体

其实，与其他领域的个人经济体一样，社交商业从业者就是典型的个人经济体，甚至更具有典型性。

不管是李佳琦，还是罗振宇、吴晓波，抑或是樊登或凯叔，甚至那些腰部或尾部的带货网红，他们一开始都是依赖个人的能力和努力，站在某个平台上，从零开始，一面销售自己的产品或服务，一面积累自己的粉丝，通过打造IP和粉丝运营，再结合各种社交工具，逐渐经营起自己的私域流量，然后不断扩充自己的商业版图。

当自己的商业版图逐渐扩大的时候，他们也会建立自己的团队，甚至成立公司系统化运营，但这并不妨碍他仍是个人经济体。在这种模式下，自己一旦有事，整个事业就会轰然倒塌。

就如罗振宇“时间的朋友”跨年演讲，纯粹只能叫“罗振宇个人经济体”，不管经济体量有多大，几乎全部依附于罗振宇“个人”而存在，也就是依附于“自然人”而存在。

2021年的跨年演讲，1.2万名观众“集体缺席”，罗振宇仍完美地完成了这个杰作，尽管这个杰作也严重依赖背后团队的运作；但如果那晚罗振宇没来，哪怕那1.2万名观众悉数到场、背后团队准备得再完美，也没有任何意义。

这与罗振宇打造的平台得到完全不一样。尽管都带有罗振宇强烈的个人色彩，但得到并不依附于罗振宇而存在，而是完全依赖于平台。如果平台不行，罗振宇即便天天坐镇，也无济于事。相反，如果罗振宇消失了，只要平台运行正常，得到仍然是得到。

社交商业从业者又何尝不是这样。不管是基于熟人社会线下社交的直销，还是基于陌生人线上社交的社交新零售，抑或是将线下线上融合的社交新消费，从业者遵循的基本是这个原理。

他们与平台的关系，不是雇佣关系，也不用受时空的限制，完全是一种相对自由的合作关系，他们是典型的自由职业者，可以兼职，也可以专职。

做得好的，自然在激烈的竞争中脱颖而出，成为万众仰慕的顶流，这也是我们常说的“超级个人经济体”。他们凭借杰出的才能、娴熟的营销、平台的扶持，不但成为万众敬仰的对象，更成为商业价值的宠儿。

有一定的实力但不够成为顶流的，则成为腰部，例如每天都有各类网红博主、自媒体达人、带货网红等活跃在各个平台，他们坐拥几万、几十万甚至上百万的粉丝，在某些领域也是KOL（Key Opinion Leader，“关键意见领袖”）或KOC（Key Opinion Consumer，“关键意见消费者”）。尽管其业绩不如顶流，但成为“腰部个人经济体”，其实也有不菲的收入。在网红带货行业，这种腰部网红物美价廉，更受商家青睐。

而这个群体中更多的则是尾部，也就是基层个人经济体。他们没有耀眼的光环，没有鲜明的IP，甚至很难有鲜花和掌声，也很难得到平台额外流量或政策的扶持，但他们不断努力，一方面赚钱帮补家用，另一方面以自己遍布各地的存在，给社会提供着消费的便利。

他们时时处于“赛马”状态，直到有一天抢道跑进腰部甚至头部，由籍籍无名的个人经济体变身为众人仰慕的超级个人经济体。

第三节

你笑他人太疯狂，他人笑你看不穿

李佳琦复出的疯狂一夜

2022年9月20日晚7点，停播109天的李佳琦重新开播。全网再一次见证了这个男人久别重逢的疯狂。

“所有MM们，开播咯！开播咯！”一头短发的李佳琦用他熟悉的大嗓门开场。李佳琦以每分钟超300字的语速预告当晚产品，品类也主要是美妆个护、快消日化，其中不乏夸迪、花西子、内外、橘朵等直播间常客。

节奏一如既往。分配给每样产品的时间不超过3分钟，李佳琦不断重复着“展示、上架、追加”的动作，穿插“321上链接”“美眉们注意喽”“重点来喽”等提示语。

1分钟2万、38分钟1000万、110分钟5000万，天南地北的观众涌进来，最终定格在6352.8万的观看量，1.63亿次点赞，此时距离开播不过2小时07分。

“疯狂”一词都不足以形容这一晚的李佳琦直播间。

第一件上架的商品是售价19.9元的手机支架，4万件备货在1分钟内售罄；5万个垃圾袋一抢而空；管道疏通剂销量突破10万份……粉丝开始调侃连个垃圾袋都抢不到，“听一听，看一看（链接）就变灰了，想支持，无奈手速不允许”。

据统计，直播结束时，已上架的26个产品中，除了有多个尺码的球鞋、内衣等品类外，18个产品显示售罄。按照商品详情页的月销量计算，GMV将近2亿元。

这只是久别重逢的一种“疯狂”而已。而此前，李佳琦和另一位带货网红，这一男一女的直播间里上演过无数次的“疯狂”。2021年双十一预售首日，李佳琦的成交额为106.53亿元，相当于一家上市公司全年的营业收入。

两份收益答卷

既然是个人经济体，不谈经济收益和经济体量就是耍流氓。

就拿罗振宇2022年“时间的朋友”跨年演讲来说，即便是万人空座，收入仍达到了4300万元，其中赞助商收入3300万元。

其实，罗胖的这个跨年演讲产品早已成了名副其实的“吸金兽”。据公开资料显示，自2018年至2021年6月，罗振宇四场“时间的朋友”跨年演讲的收入已经高达2.08亿元。这些收入主要由赞助收入、门票收入及版权收入构成。

2018年，罗振宇的跨年演讲门票收入878.72万元，赞助收入3621.34万元，版权收入1263.08万元；

2019年，跨年演讲门票收入904.18万元，赞助收入3760.26万元，版权收入213.33万元；

2020年，跨年演讲门票收入1208.83万元，赞助收入3939.81万元，版权收入660.38万元。

这还只是一场演讲的收入。如果放到年收入来看，则更有意思。

另一份收益答卷来自樊登。这个深受全国人民喜爱的网红，他的成功的核心秘诀就是“裂变式增长”，通过层层代理的模式，快速实现了指数级增长——这看起来何其眼熟！这只是社交商业最常用的模式，只是樊登合规化的运营和知识传播者的光环，让他有了完全不同的社会待遇。

从2015年创建至今，樊登读书的会员数量已经达到近700万人，200多个城市、800多个县内均设有品牌的分会。不知道这让最擅长裂变的社交商业从业者怎么看。

那么，樊登一年的收入有多少？

2021年1月，樊登读书创始人樊登接受了《每日经济新闻》的专访。在采访中，樊登透露，樊登读书2020年的营收是10亿元左右，在疫情期间做到近乎一倍的增长。按照他透露的信息推算，2019年的营收应只有5亿元左右。

而与樊登比肩的“知识付费四大天王”中的罗振宇、吴晓波、李善友，年营收情况如下：

深交所创业板官网2021年12月29日更新的罗振宇的思维造物招股书显示，思维造物2018年收入约7.38亿元、2019年收入约6.28亿元、2020年收入约6.75亿元、2021年前6个月收入约4.39亿元。

2021年7月，吴晓波在接受《财新时间》采访时，曾透露巴九灵的收入情况。吴晓波称，每年有3亿元的收入，其中知识付费、企业培训、广告的收入各占1/3。而在2018年末巴九灵拥有货币资金约3.56亿元，固定资产111.13万元，资产总计约5.07亿元，货币资金占资产比例为70.19%，固定资产占资产比例为0.22%。

李善友从未公开过财务数据，但一篇广为流传的《樊登读书披露一年收入10亿，“知识付费四大天王”谁最强？》的文章推算，李善友的混沌年收入约为3亿元。

而社交商业的个人经济体收益几何？

安利是全球最典型的社交商业体，安利的头部经销商作为社交商业行业的个人经济体，自然最具代表性。因为近年社交商业步入低谷，我们拿安利最鼎盛的2013年的数据来比较，才显得公平。2013年，安利全球销售额为118亿美元（约合人民币731亿元），其中，中国市场2013年的销售业绩为40.4亿美元（约合293亿元人民币）。2021年，安利全球销售额为89亿美元。

据外媒报道，早在2013年11月12日，全球著名社交商业企业安利北美一个新商业机会宣传册（BOB）上有一个最新的平均收入统计，统计显示：Q12白金（Q12 Platinum）经销商平均收入为55042美元（2013年美元兑人民币年均汇率为6.2元，约合人民币34.1260万元），最高收入为190264美元（约合人民币117.9636万元）；创始人翡翠（Founders Emerald）经销商平均收入为135664美元（约合人民币84.1116万元），最高收入为838533美元（约合人民币519.8904万元）；创始人钻石（Founders Diamond）经销商平均收入为590928美元（约合人民币366.3753万元），最高收入为2945820美元（约合人民币1826.4084万元）。

安利的头部个人经济体（创始人钻石经销商）年收益在社交商业领域算比较高的了。尽管现在一些异军突起的社交商业个人经济体收入会远超这个数据，比如罗振宇、樊登等这些庞大而又可持续的超级个人经济体，都是个别现象，而不是普遍现象。

还有一点令社交商业老炮望尘莫及的是，樊登等人都是玩资本的高手。尽管年营收只有几亿、几十亿的规模，但通过资本的加持，据传樊登三年赚了50亿元。

看来，真的是“知识就是财富”啊！

你所羡慕的，你都曾拥有

新兴的个人经济体如雨后春笋般涌现，社交商业老炮们看着心情有些复杂。

曾几何时，社交商业领袖无不是集万千宠爱于一身，他们到处演讲，每到一地，追随者云集，鲜花、掌声、个人巨幅海报伴随左右。

风水轮流转。现在这些光环好像都汇聚到了新兴个人经济体身上，令曾经的社交商业领袖们内心五味杂陈：一方面是对方的熠熠生辉与自己的英雄迟暮，另一方面是总能从对方身上看到自己当年的影子，甚至有种被对方偷师的感觉，但又徒增奈何。

其实这后一种感觉是对的，在许多成功的个人经济体看来，传统社交商业的许多做法可以被广泛应用于各个领域，而现在个人经济体的运作，实际上一直在自觉或不自觉地运用过去的社交商业的一些方法。

现在，最常见的不管是养流量带货式的个人经济体还是个人IP运营式的个人经济体，无论是产业链式个人经济体还是元宇宙时代的个人经济体，他们所采取的各种运营模式，比如引流变现、私域流量运营、社群运营、IP打造、频繁种草、公司化运营等，其实已经在社交商业领域被运用得非常娴熟，只是名字不同而已。

正所谓“他人笑我太疯癫，我笑他人看不穿”。一些社交商业老炮貌似在羡慕各类新型网红个人经济体的熠熠生辉，但他们没告诉你的是，新兴个人经济体运用的很多方法，都是当年他们用过的。

引流与私域运营

社交商业是基于人的连接，“流量”“引流”并非互联网的专有名词。社交商业在兴起初期，就具有强烈的引流变现意识，当时的做法是“列名单”，这就是最早的“引流”方法。所以早年的社交商业从业者，到现在都有见人就强烈要求留联系方式的习惯。

由于都是从熟人引流，并且更多的是面对面交流，所以社交商业从一开始就具有“私域”的概念；尽管后来通过互联网，也会从公域引流，但这倒是新兴个人经济体所擅长的。

引流的目的自然是变现，所以他们的“跟进意识”特别强，甚至会达到令人厌烦的程度。之所以这样，关键是之前只能在熟人之间引流，流量小，自然备感珍惜。

现在的引流变现，更多是在公域的陌生人市场，将公域流量转化为私域流量，再进行变现。流量无限扩大，引流能力强，但相互的黏性比较差。这就是网红粉丝量惊人但往往带货量低得吓人的原因，甚至连曝光量都低得吓人。而此前的社交商业，多在熟人圈里引流，黏性反而更强。

裂变与指数级增长

引流只是第一步，进一步期望的则是裂变。这是社交商业的精髓。不管是直销还是社交新零售，裂变以及裂变带来的指数级增长，一直是其制胜法宝。只不过之前更多是聚焦于熟人之间的裂变，每个人的人脉资源有限，裂变宽度小，所以做得特别深，有特别多的层级；现在借助网络进行线上裂变，人脉资源无限大，所以裂变宽度大，无须那么多层级。

樊登之所以成功，裂变是其重要因素。他通过建立系统化的奖励机制，分别裂变出了市级樊登读书200多个和县级800多个。各读书又可以发展读书会会员，甚至会员推荐会员还有奖励。

这在社交商业老炮看来，就是典型的多层级分销体系。所谓的市级读书和县级读书，则是社交商业老炮俗称的“法人经销商”，读书会会员则是自然人经销商，这样既规避了法律问题，又实现了更深层级的裂变。因为会员发展会员多在线上裂变，讲究的是宽度而非深度，所以严守了二级分销的底线。

这种基于层级的裂变，最大的威力就是可以实现指数级增长，这就是为什么樊登读书能在短时间内实现700万会员。

社群运营

不管是线上还是线下，引流裂变的目的是建立社群，只不过社交商业老炮习惯称之为“系统”，比如耶格系统，其实就是耶格建立的社群。系统运营之道，就是社群运营之道。系统化运营在许多方面远远超过社群运营。比如现在社群运营都会有一个素材库，就是做好图片、文字甚至发朋友圈的文字话术，会员只需要复制转发就好。这其实就是耶格倡导的简化版的“系统就是工具流”。

耶格强调，为了更好地复制，需要把运营所需的内容、方法、意识等，全部制作成刊物、音视频、培训课件、话术手册等，并且浅显易懂，达到人人可以复制的目的。

不同的是，社交商业老炮的工具流绝对是精心打磨过的，出来的都是精品，少而精，且长期使用，与新一代个人经济体讲究短平快、一天一个花样、绝不重复有很大的不同。

个人IP打造

现在的网红，不管是现象级网红还是刚刚入门的新手，第一步就是个人IP化，先设立人设然后极尽包装之能事，让自己快速成为IP。罗振宇、吴晓波、李佳琦等，每个人都是大IP，他们通过系统化的形象塑造，让自己成了某一方面的代名词。而凯叔、混子等更是将IP产品工业化创作，开发出一系列火爆产品。

其实，社交商业老炮对个人IP的打造有过之而无不及。那时“IP”这个词还没有出现，他们注重的是“形象打造”，并且有整套的系统。他们往往特别注重自己的外形，穿什么衣服、鞋子，戴什么腕表，乘什么座驾，都需要精心设计。他们有自己的品牌课程，并且会成为这个领域的代表性人物，他们坚信“话筒就是影响力”，所以他们长年生活在舞台上，到处演讲，甚至连演讲的手势都会成为他们的一个IP符号。这也是社交商业老炮经常举办大会甚至办年会的原因之一。

除了营造这些外在的影响力外，更重要的是人设和内在的人格魅力，也就是文化。

社群领袖文化与黏性内核

不管是新一代个人经济体还是社交商业老炮，要想成为顶流，打造一整套文化系统才是关键，这也成为他们成功的关键。

成为真正的大IP或社群领袖，靠的不只是外在形象和引流变现技巧，最具竞争力的其实是文化体系。

他们会像企业一样拥有自己的使命、愿景、价值观，并且其出生、成长史、事业梦想、公益付出、使命感等，都会被系统化地固化下来，演绎成一段感人至深的故事，完成人设的打造，然后在工作和生活中不断强化。

甚至达到一定的高度后，还会自己出版专著。中国人对著书立说一直心怀景仰，不管是社交商业老炮，还是新一代个人经济体，都爱出书，有的还不止一本。出书绝不是附庸风雅，而是内有乾坤，将文化用白纸黑字固化下来，可以形成可复制的文化。

产业化

新一代超级个人经济体，最擅长的就是产业化，甚至利用资本加速产业化。

罗振宇从语音产品每天60秒的《罗辑思维》开始，逐渐衍生出带货售书、跨年演讲、语音课程等各种知识付费产品，并且通过融资迅速壮大，还成立了公司进行运作。

而社交商业老炮早就实行了产业化运作。1978年，耶格网络正式在美国北卡罗来纳州注册成立了英特莱德国际公司，从此耶格网络将个人网络的运作纳入企业化发展的轨道上。

1998年，英特莱德国际公司成功进入中国市场，在中国内地开展成人非学历性素质教育，为人们提供各种各样的咨询和服务，提供各种各样的书籍、录音带和培训，帮助人们认清现在这个多变的社会，让其从中把握事业良机，获得事业、家庭、社交等各方面的成功。多数课程由当地分支机构免费提供，部分视听资料和书籍由公司委托我国著名出版社出版，许多成了社会上畅销的读物。

英特莱德国际公司后来还成立了产业投资基金，做到一定级别的会员获得注资资格，基金会聘请专业投资机构进行战略投资和财务投资，前者更多地投资与英特莱德国际公司相关业务领域，然后反哺英特莱德国际公司，让合作伙伴获得投资和市场双重收益。

而中国一位周姓系统创始人更是旗帜鲜明地提出“系统产业化”目标，并快速进入众多领域，甚至控股几家上市公司。但后来出于各种原因经营不善迅速失败，但“系统产业化”逻辑倒影响着越来越多的超级个人经济体。

第四节

社交商业个人经济体下一步

经济学家发现，全新的东西很少，大多数创新都是现有事物的重新组合，这种重组就是重混。做重组或重混时，首先要做一个拆解，把它拆解成非常原始的状态，再以另一种方式进行重组，之后不断进行这样的循环，就像你把乐高拆开后再组装。这是世界发展的方向，是重要的趋势。

——《连线》杂志前主编　凯文·凯利（Kevin Kelly）

看到新兴个人经济体气势如虹，旧的社交商业从业者不免扼腕叹息，“他们所用的办法，不就是我们当年一直用的么？”但仔细一想，又不全是，只是似曾相识的感觉。

这就是凯文·凯利所说的“重混”。新兴个人经济体把之前社交商业的优势做法做了拆解，甚至是彻底的拆解，然后结合其他优势经验及自我创新，于是有了今天的超越。

旧的社交商业应该更多“向外求”，多研究新兴个人经济体的成功之道。利用凯文·凯利的“重混”原理，对新兴个人经济体进行反向拆解，然后结合自身固有的优势以及创新，探索出更加符合当下的打法。

凯文·凯利：重混的力量

对比新兴个人经济体与社交商业老炮，你会发现，他们的成功路径有诸多相似之处，甚至有的路径并没有根本性的创新。尽管新兴个人经济体与社交商业老炮各有千秋，但毋庸置疑，许多新兴个人经济体已经远远走在了这些社交商业老炮的前面。

既然没有根本性的创新，新兴个人经济体为何又能远远跑赢这些社交商业老炮呢？

这就不得不说起凯文·凯利的“重混”理论。

凯文·凯利（Kevin Kelly）是乔布斯最喜欢的杂志编辑和出版人，被看作是“网络文化”（Cyberculture）的发言人和观察者，也有人称之为“游侠”（maverick）。他预言的许多科技现象在20年内均成为现实，马化腾、张小龙等互联网大佬都将他视作神级预言家。

2019年，凯文·凯利再次发表演讲，给出了对未来趋势的12个判断，其中第五个趋势即为“重混”。凯文·凯利在演讲中说，经济学家发现，全新的东西很少，大多数创新都是现有事物的重新组合。这种重组就是重混，这是世界发展的方向，是重要的趋势。

做重组或重混时，首先要做一个拆解，把它拆解成非常原始的状态，再以另一种方式进行重组，之后不断进行这样的循环，就像你把乐高拆开后再组装。

其实报纸也是一样。报纸不是一个单一的物体，它是一个组合，是把不同的东西组合在一起：体育赛事、天气情况、书评、菜谱等。互联网上的信息发布同样如此。互联网把不同的信息组合在一起，比如，把之前所有的报纸拆解了，然后组合在一起，通过算法重新分发。

同样，我们也可以拆解银行，把不同的银行功能分解之后重新组合起来。汽车也是这样。基本上所有的东西都可以这样做。

把化学概念运用到企业当中来，这就像一张元素周期表，看一下企业当中的元素周期表，有哪些必要的元素，然后进行多次拆解重组，会形成新的东西。企业想要升级，就需要拆解企业的构成，然后再进行重组，在重组的过程中产生新事物。

那些新一代超级个人经济体，就是自觉或不自觉地用了“重混”的逻辑。如果把他们与老社交商业并列拆解，你会发现，两者中的

“零部件”多有相似之处，无非这三种情况：多了，少了，更好——你当然见不到更坏，否则就不会有超越只有倒退了。

樊登读书的盈利模式究竟是怎样的

樊登是与老社交商业最接近的，拆解他的商业模型会发现，其几乎与社交商业完全重叠。他之所以超越，是因为每一道工序都做了“精进”。

樊登读书会可以快速做大的秘诀是什么？

1. 强烈的使命感。帮人养成阅读习惯。

2. 强烈的个人竞争力。和绝大多数知识IP一样，樊登个人的阅历、理解力、讲述能力构建了樊登读书的核心竞争力。

3. 强大的产品力。挑好书，讲好书。

4. 平台思维。自建App的形式使得会员沉淀更充分，为未来充分挖掘会员价值提供了基础，但也增加了早期的运维成本。

5. 模式创新。注重线下渠道的会员售卖，使得其一方面收获了大量的会员，另一方面也直接构建了线下社群。

不难发现，区别于《罗辑思维》《晓说》等知识付费节目，樊登读书在商业模式上有两点不同：一是从一开始就推行付费模式，二是特别注重线下渠道的拓展。这两点也构建了现在樊登读书盈利模式的基石。

樊登读书从上线之初就实行收费模式。樊登认为，免费的东西，很多人不会珍惜，收费是一个筛选门槛，能把真正认同樊登读书的人筛选出来。

“从一开始，我们就觉得内容收费不是靠用户自觉，应该靠朋友推荐或者他人推荐。”樊登说，他的目标是能帮助3亿国人养成阅读的习惯。

所以，樊登读书的会员增长主要有两个渠道：一是会员间的口碑推荐，二是城市代理商销售会员卡。具体的做法，在第三章第三节已有详细的描述，这里不再赘述。樊登的模式就是巧妙地利用了之前社交商业的设置。

反向重混与超越

在个人经济体时代，社交商业原本远远走在时代的前面，怎么就变成英雄迟暮了？

传统的社交商业不妨将新一代超级个人经济体进行拆解，反向重混，让自己重新焕发青春。

其实，社交商业老炮最大的错失，是错失了最大的时代红利——线上共享。这是一个线上社交的年代，更是一个共享的年代，“列名单、邀约、讲课”的时代早已远去。线下社交商业业绩下滑、举步维艰，那些抓住线上机遇的个人新经济体，却逆势飘红。樊登、罗振宇、李佳琦自不在话下，就连跑腿小哥、外卖小哥，这两年生意都比疫情前要好。

如果拆解新一代个人经济体的线上运营，然后用于社交商业中，其效果自然不可同日而语。

也许有社交商业者要反对了，例如微商、社交新零售等，他们更多地是依赖网络，甚至玩得够炫，但为什么也举步维艰呢？

极致的产品和服务，则是真正的区隔。樊登、罗振宇、李佳琦，他们尽管运用了许多“玩法”，但他们提供产品和服务的“真心”，可谓做到了极致。

同样是网红带货，“口红一哥”李佳琦，作为男性，能区分出100多种口红色号。樊登尽管有过人的口才，对书籍也有超强的领悟能力，但每一次讲书的内容，都是千锤百炼，确保内容的“营养”。

时代悄然发生了变化，在这个产品极度丰富的年代，“喜欢”仿佛成了购买的主流。而“被说服”却成了人性里最抵触的存在。如何让你的产品和服务征服消费者甚至引发更多人的同感显得尤为重要。多拆解拆解樊登这些成功的个人经济体，定会获益良多。

社交商业之前制胜的法宝是模式和文化、培训。这让许多社交商业老炮非常迷恋，甚至成为他们的舒适区。但如果丢掉真实的产品和服务，就会沦为割韭菜，并且模式或网络玩得越炫，割韭菜越厉害。虽然在知识付费、网红带货中，割韭菜的行为也存在，但这并非主流。

凯文·凯利说："我们处在一个液态的世界，所有的东西都在不断地流动，不断地升级，变得越来越好。这些对我们有什么影响呢？首先，终身学习，不断学习。当你一直处于一个学习的状态时，你永远都是一个新的人。所有的东西都是不确定的，你永远都是无知的，不管你多大年纪、处在人生哪个阶段，总会有新的东西出现，所以我们要永远处于学习的状态。"

套用凯文·凯利的观点，传统的社交商业个人经济体想要升级，需要拆解新兴的成功个人经济体的构成，再进行重组，在重组的过程中产生新事物。

凯文·凯利说，因为我们还处在一个起点的时代，世界上最伟大的东西现在还没有被发明出来，也就是说，你从现在开始，为时未晚。

反向拆解，然后重组，从现在开始，为时未晚，传统社交商业归来仍是少年。

第五章

元宇宙里的
个人经济体

第一节

元宇宙：虚拟世界里的待采“富矿”

一个人可以在没有边际成本的情况下制造产品，并分享给全世界数十亿人，这是一件不可思议的事情。

——元宇宙商业之父马修·鲍尔

什么是元宇宙

大规模、可互操作的网络，能够及时渲染3D虚拟世界，借助大量连续性数据，如身份、历史、权利、对象、通信和支付等，可以让无限数量的用户体验实时同步和持续有效的在场感。

2021年3月11日，佳士得拍卖行，一件名为*Everydays: The First 5000 Days*的数字画作NFT，以6900万美元（约合人民币4.5亿元）的竞拍价售出，震惊艺术圈、投资圈。

消息一出，全球哗然，大家的心里不约而同地冒出两个疑问：什么画这么贵？NFT是个啥？

为了让大家更好地了解NFT是什么，我们应该先讨论一下什么是元宇宙（Metaverse）。“元宇宙”一词来源于科幻作家尼尔·斯蒂芬森在1992年创作的科幻小说《雪崩》，小说描绘了一个庞大的虚拟现实世界，在那里，人们用数字化身来控制，并相互竞争以提高自己的地位。而如今的元宇宙本质上是指对现实世界的虚拟化、数字化过程。百度百科对“元宇宙”一词的解释是：元宇宙是人类运用数字技术构建的，由现实世界映射或超越现实世界，可与现实世界交互的虚拟世界，具备新型社会体系的数字生活空间。

我们不禁好奇，既然元宇宙概念已经提出了30多年，为什么2021年才突然爆发？这是因为，元宇宙的构建离不开多种高技术的支撑，比如元宇宙必须基于扩展现实技术提供沉浸式体验，基于数字孪生技术生成现实世界的镜像，基于区块链技术搭建经济体系，这样才能将虚拟世界与现实世界在经济系统、社交系统、身份系统上密切融合，每个用户才可以在里面进行内容生产和编辑。

元宇宙先行者马修·鲍尔在其最新著作《元宇宙改变一切》中对元宇宙的定义是：大规模、可互操作的网络，能够及时渲染3D虚拟世界，借助大量连续性数据，如身份、历史、权利、对象、通信和支付等，可以让无限数量的用户体验实时同步和持续有效的在场感。

虽然目前元宇宙的概念比较抽象，处在发展的初级阶段，但一些先行者总结出了元宇宙的三大特征、八大属性和三大亮点，有助于我们更加全面地了解元宇宙。

元宇宙的三大特征是：与现实世界平行、反作用于现实世界和多种高技术综合。

“元宇宙第一股”Roblox公司为元宇宙总结的八大要素（也可称为元宇宙的八大属性）分别是身份、社交（朋友）、沉浸感、随时随地、低摩擦、多元化、经济系统和安全。

根据Meta（Facebook前身）发布的元宇宙白皮书，我们总结了元宇宙的三大亮点，它们分别是：

1. 元宇宙可以打破互联网对设备和地理位置的依赖，通过不同技术组件相互联系，渲染出一个不限制用户数量、可持久体验的3D虚拟“宇宙村”。用户在这个虚拟世界里可以用眼神、姿势、手势等多种方式，与其他人进行实时互动交流，宛如身临其境。

2. 用户在元宇宙中拥有数字人格和数字资产的所有权，比如虚拟形象账户、购买的数码服装等都可以跨平台共享。这些东西的所有权归用户，而不是平台。

3. 元宇宙可以支持几乎所有的活动场景，比如社交、工作、学习、娱乐、购物、创作等，并且这里是一个开放的市场，企业和个人可以自由体验、参与和创造内容。

大家可以想象一下，一个全新的无限量用户且开放的世界、一个新的数字生活空间，蕴藏着多少新的商业机会！可以说，元宇宙的世界充满了商业的想象力。不仅如此，马修·鲍尔还认为，元宇宙是我们的下一个生存之地。

闻风而动的大公司

元宇宙的趋势和未来得到大家的普遍看好和认同，这个认同是全球性的认同。

Meta曾委托国际经济咨询公司Analysis Group编写了一份元宇宙白皮书，预测如果元宇宙在2022年开始采用，那么到2031年元宇宙对全球GDP的总贡献将达到3.01万亿美元。麦肯锡的预测更加乐观：预计到2030年，元宇宙的市场规模将高达5万亿美元。元宇宙是一座名副其实的待采富矿。

面对这座富矿，最先闻风而动的是手握大量资本的企业。

2021年7月，Facebook创始人兼首席执行官马克·扎克伯格说："我认为，在Facebook的下一个发展阶段中，我们将真正改变人们对我们的认知，我们将从一家社交媒体公司转变为一家元宇宙公司。"同年10月，扎克伯格宣布Facebook将更名为Meta Platforms，体现了其向元宇宙转变的决心。此外，扎克伯格表示，他在元宇宙上的投资至少将使2021年的营收减少10亿美元。但他同时表示，这些投资再过几年就会换来回报。

毫无疑问，2021年元宇宙是关注度最高的热门词汇，也成了商业上的一个卖点。近年来，某某某宣布布局元宇宙的新闻铺天盖地。这批宣布进军或布局元宇宙的对象，有体量庞大的跨国巨头、新兴的行业黑马、业务偏传统的公司，甚至包括地方政府和大型城市。由此可见，元宇宙的趋势和未来得到大家的普遍看好和认同，这个认同是全球性的认同。

2021年5月，腾讯公开表达了对元宇宙的愿景，并将其称为“超级数字场景”，后来还成立了扩展现实（XR）部门；阿里巴巴和字节跳动也都注册了各种元宇宙商标，并收购了各类VR和3D相关领域的初创公司。据媒体报道，韩国科学技术信息通信部与韩国互联网振兴院（KISA）宣布成立元宇宙/NFT安全委员会，以检查元宇宙和NFT等虚拟融合经济的传播所产生的新安全问题，并寻求行业合作。

全世界的人对元宇宙都展现出前所未有的热情。2022年6月，美国市场研究机构Newzoo发布了一份研究报告，报告显示：在过去的一年里，从事元宇宙业务的公司数量从2021年7月的200家增加到500多家。正如马修·鲍尔所说：“看到元宇宙潜在价值的公司数量之多，也正说明了这个机会的巨大和它会带来的多样性。”

“元宇宙+”重塑未来商业模式

了解完元宇宙，我们回到上面的问题：NFT是个啥？

NFT全称Non Fungible Token，是区块链网络里具有唯一性的数字权益凭证，代表永久的数字所有权，我们也可以把它看作是一个加密货币令牌。任何人都可以发行、拥有和交易NFT，但每次的转手资讯都会被自动写入区块链，一旦写入就无法篡改。NFT在互联网中使用区块链技术标注文件的物权，是元宇宙的重要基础设施。

在元宇宙兴起的过程中，催生了数字藏品销售业务、元宇宙的建造服务，以及体素商店等具有元宇宙特色的商业模式。未来，元宇宙里还有哪些可以快速变现的商业领域？

第一，数字藏品销售业务。它是目前元宇宙世界最热门的商业模式。数字藏品是有中国特色的NFT[①]，是指使用区块链技术进行唯一标识的数字化的特定作品、艺术品和商品，比如上文提到的在佳士得拍卖行拍出6900万美元的数字画作*Everydays: The First 5000 Days*就属于数字藏品。

① 国外的NFT基于公链对所有人开放，因此不受管控；国内的NFT基于联盟链，国家可以管控。

第二，元宇宙的建造服务。在虚拟世界里，个人和机构拥有大量土地后，不想自己搭建，因此产生了元宇宙第三方建造服务公司，专门为客户建造场地。如今国内外都有专门提供元宇宙建造服务的公司，比如MetaEstate、Voxel Architects等。

第三，非常有元宇宙特色的体素商店业务。体素相当于现实世界里的砖木或布料。虚拟世界中，所有的东西都是由体素构成的，比如你要装扮自己的独立空间或虚拟形象，需要获得体素，因此催生了以Vox Work为首的一批Vox商家。

第二节

元宇宙里的新兴个人经济体

元宇宙中巨量的数字内容，也都会由UP主这样的用户去创作，在元宇宙中创建数字内容将成为一门职业。

——哔哩哔哩董事长兼CEO陈睿

元宇宙是一个拥有原生经济体系的世界，是一套从数字资产诞生开始的确权、估值、流通、交易、消费甚至销毁的自循环。马修·鲍尔认为，未来，随着元宇宙发展的成熟，有些领域可能会被元宇宙以某种方式改变，重塑出新的商业模式，并做了五个方面的预测。

预测一：元宇宙+教育，学习场景从虚拟到在场。远程学习最明显的特点是“在场感”的损失，实时渲染的3D技术不仅可以把课堂和老师、学生带到任何地方，而且丰富的虚拟模拟可以极大地增强学习的趣味性，扩充学习渠道，降低学习成本。

预测二：元宇宙+生活，全面颠覆我们的生活方式。比如你打算上瑜伽课，就会出现一位虚拟的瑜伽教练帮助你完成练习。你甚至可以通过3D扫描仪，形成自己一对一的元宇宙虚拟化身，通过线上虚拟化身试穿，更加直观地看到商品的上身效果，从而通过链接精准购买。肌电图传感器、3D全息影像显示技术、沉浸式头显、投影和跟踪摄像头等技术和设备将被人们结合起来，共同提供前所未有的场景模拟和感官刺激。

预测三：元宇宙+娱乐，虚拟制作让我们重新想象与体验娱乐。因为有了实时渲染引擎，电影制作人不再需要在现实世界中建造“曼哈顿”或者“外星人基地”，一切在虚拟的元宇宙里都能生成出来。在这里，人人能成为漫威故事的主角，也能像NBA球星一样投篮，甚至可以实现漫步月球、飞越泰山等在现实世界里无法实现的体验。

预测四：元宇宙+广告，抢占新增长的机遇蓝海。当元宇宙深入每个人的生活，就会产生巨大的流量，有流量的地方就有广告业务，未来元宇宙里的广告业务会以何种形式呈现出来，充满了想象的空间。

预测五：元宇宙+工业，开启智能制造的未来。数字孪生技术对城市建设、航空航天、医疗保健等行业的发展会起到显而易见的作用。

元宇宙的个人经济体机遇

最近几年，很多企业纷纷试水元宇宙，想要在这座富矿里分一杯羹。那么，作为互联网时代迅速崛起的个人经济体，在元宇宙的世界里，有哪些可以探索的商业机会呢？

在这个虚拟的时空，个人经济体已经在形成，并且比现实中更易形成。2022年，《财富》杂志评选出在NFT领域中50大最具影响力的推动者或NFT项目，入选的有艺术家、NBA俱乐部的老板、运动员、创业者、设计师、歌手，甚至娱乐明星。他们在元宇宙的世界里要么创造了自己的影响力，要么赚到了钱。就连娱乐八卦杂志的常客Paris Hilton，这位希尔顿酒店的继承人也认为，NFT是“创作者经济的未来”。

元宇宙商业之父马修·鲍尔认为：“元宇宙里的元市场预计将是一个开放的市场，其中企业和个人可以自由地参与活动，并产生内容和体验。”

我们可以把元宇宙理解为人类社会的复刻版本，目前没有任何公司或机构有能力完成这个虚拟世界的内在构造，这就意味着，我们所设想的理想化的元宇宙场景，必然是所有参与者建设的结果，在这里，个体有机会将自己的创造力发挥到极致。

越来越多的个体能够熟练掌握数字化工具，并进行有效整合，有些甚至具备开发数字工具的能力，在这样的背景下，现实世界里的超级个人经济体会不断出现。而元宇宙可能是另一个孵化场景，但同样能够孵化出新的超级个人经济体。在元宇宙的世界，我们总结了四大最有可能孵化出超级个人经济体的场景。

平台的创作者

依托平台的创作工具，成为平台的头部创作者，实现较大规模的收益回报，就好比现实世界里的自媒体博主、短视频博主通过内容创造，获得流量，通过变现获得大量的收益。

数字资产的拥有者

我们在“元宇宙的三大亮点”中已经说过，用户在元宇宙中拥有数字人格和数字资产的所有权；在“元宇宙的热门商业模式”中也提到过数字藏品销售业务和地产租赁业务等商业模式。由此可见，只要你在元宇宙的世界里有地皮、建筑等“不动产”或NFT，就能够通过经营或交易获得财富。

在《财富》杂志评选出的“在NFT领域中50大最具影响力的推动者或NFT项目”中，有很多数字资产投资人。比如排在第十八位的Vignesh Sundaresan，他买下了有史以来最昂贵的NFT——上文提到过的Beeple创作的*Everydays: The First 5000 Days*。有专家断言：未来大量的数字资产必然被个体拥有，这些数字资产根据其稀缺性决定了个体的收益，而这个收益可能是惊人的。

数字创作者

元宇宙中的物质供给几乎是无限的，简单复制就可以“孵出”各种各样的数字物品，数字创作者可能是未来逐渐被大家认可的专业身份。

目前，外界对数字创作者的定义为：依托数字工具或智能设备工具，在数字平台上输出自己的创作作品来获取收益。著名投资人沃伦·巴菲特的孙女Nicole Buffett就是一位数字创作者，她和未婚夫Justin Aversano是顶级的NFT摄影师，他们将作品的大部分收益捐给了慈善机构。Krista Kim也是一位数字创作者，她创作的Mars House

是一个NFT数字房屋，以66.3万美元的价格售出，超过了国外房屋售价的中位数。

数字创作者对数字化的一切都充满了敏感，他们能高效率地通过数字工具、数字网络实现较高的收益，数字创作领域也是元宇宙里极有可能出现超级个人经济体的领域。

数字内容创作者

与数字创作者相比，数字内容创作者具有非常明显的身份标签。比如《花样年华》的导演王家卫创作的NFT作品《花样年华·一刹那》，以340万元港币成交，成为第一个亚洲电影NFT作品。

在元宇宙的世界里，想象力是唯一的限制，我们同样好奇，我国在元宇宙领域的发展优势有哪些。

清华大学的沈阳教授在一次活动中表示："在移动互联网时代，国内涌现出一批成熟的应用场景，比如短视频、直播带货、游戏等。希望在元宇宙时代，我国能把这些优势要素与元宇宙发展结合起来，打造我国的领先优势。"

短视频、直播带货、游戏等行业，在现实世界里诞生了一大批超级个人经济体，在虚拟的元宇宙世界，这些行业是否同样可以孕育出一大批个人经济体呢？一切皆有可能。

元宇宙里的个人经济体英雄

随着元宇宙的火热，与之相关的一批新职业也爆火，正在成就越来越多的个人经济体。

元宇宙捏脸师、元宇宙内容创作者、元宇宙架构师、元宇宙策划师等，这些职业由于人才的稀缺性以及工种要求的技术难度大，不少元宇宙公司开出高价采购此方面的服务，一些身怀绝技的个人纷纷杀入元宇宙，他们往往采用灵活用工的方式，不属于某一个固定的平台，而是个人或者组建服务团队，成为月入百万的个人经济体。他们凭借对新世界敏锐的嗅觉和与时俱进的能力，在元宇宙空间长袖善舞，获得了更大的创业空间。

不仅如此，有些元宇宙职业也逐渐被行业所认可和规范。

在2022年第三届“上海创新创业青年50人论坛”上，哔哩哔哩董事长兼CEO陈睿预测，元宇宙中巨量的数字内容，也都会由UP主这样的用户去创作，在元宇宙中创建数字内容将成为一门职业。

相比之下，很多互联网公司的业务开始“降本增效”，不少互联网人都面临将被优化或被裁的现实，而这些新职业的出现，正成为这些互联网人以及刚毕业大学生等创业的新选择。

Tech星球一直聚焦互联网前沿科技和新商业，2022年9月创作者陈桥辉就从元宇宙的部分新职业中挑选了五个比较鲜明的职业，以和个人经济体对话的方式，展现了这一新兴的职业。

元宇宙捏脸师：游戏项目被砍，裁员优化后转行

麻花，元宇宙捏脸师

我之前是在一家游戏公司负责游戏人物形象设计，但是由于后来游戏项目被砍，我也成为被优化的人员。

我尝试在互联网找过相关的职位，但是并不让我感到满意。于是开始试验新领域，听说有一个元宇宙捏脸师的工作职位，与此前的工作经历相似。于是经朋友介绍，我开始从事元宇宙“捏脸”的相关工作。

其实，捏脸这个职业并不新鲜，自从像《永劫无间》等带有捏脸的游戏在国内火起来后，如何捏脸成为不少玩家的必修课，毕竟每个人都希望在游戏里有个靓丽帅气的形象，所以一直流传着“开局十分钟，捏脸两小时”的说法。

由于塑造人物形象存在着一定的技术，比如说一些好看的人物模板，需要专业的处理，而用户一般无法操作，于是就诞生了捏脸师的职业。

随着元宇宙的火爆，捏脸也不再局限于游戏，开始出现在元宇宙社交等方面。因为在元宇宙的世界当中，人物形象非常重要，关乎着一个人的性格和身份。所以像在元宇宙社交平台Soul里面，就有

不少职业或者兼职的元宇宙捏脸师，我现在从事的就是这类工作，为这些元宇宙社交平台做一些捏脸的服务。

如果创造一个3D人物形象，每单的定价是在30~100元之间。扣除平台手续费后，一个月下来，这块的收入可达8000元左右。当然，我也不局限于此，有时间的话也会参与那些数字藏品公司的头像设计， 而且这类需求量特别大，我一个星期最多接到六家公司的设计邀约，报酬过万。

据我了解，这些公司大部分会把这些数字头像拿去一些平台拍卖，由于我是个体，按照平台规定，无法成为拍卖的卖家，要不然，我也想直接拿着创作好的数字IP藏品去这些平台拍卖。一般像300元的一个数字头像，你当天放上去，当天就会有人去拍下来。由于这些设计成本其实并不是特别高，所以这些数字藏品公司，通过拍卖这些头像可以取得相当大的利润。

元宇宙捏脸师，和游戏捏脸师在工作方式上的差别不是特别大，其实元宇宙更多是概念上的一种赋予，使其更加特殊和新潮。但是后续这门职业肯定会有差异化，因为元宇宙的捏脸，在设计风格上更偏向新潮思想，未来还是有一定的前景和独立发展路线的。

元宇宙土地中介：虚拟地产中间商，一单佣金过万

何力，元宇宙中介顾问

字面意思就是虚拟地产中介，这是一个新概念职业。

我当初其实并不是做这个，而是做元宇宙地产的投资者，由于后来越来越多的人在海外的元宇宙地产平台购房，所以也逐渐催生了这个新职业，成为中间商和顾问，服务国内的一些经验较浅的投资者，帮助他们寻找性价比高、适合投资的房产。

比如在去年，我们都知道像林俊杰、Snoop Dogg等一批海内外明星，在海外一些元宇宙房地产平台购入了价值不菲的地皮，听说有粉丝在The Sandbox花费45万美元后入手虚拟房子，就是想成为像Snoop Dogg这种明星的“邻居”。

实际上，国内也有不少这样的粉丝，之前有单生意，就是一个粉丝为了成为国内某明星的虚拟邻居，而豪掷15万元购入周边的地，我获得了1万元的佣金。为了帮助这些国内顾客，我不仅要学习交流用语，还要了解明星日常爱好，以便在交谈中让这些粉丝顾客满意。

当然，不仅如此，我也会成为国内买主和卖主的“桥梁”，因为我有买主资源，有些卖主急于变现，就会找到我，然后从交易中收取佣金，一般是房租出售总价的1%~3%，视情况而定。

目前，我在Decentraland、The Sandbox、Voxels、Somnium Space、NFT Worlds和SuperWorld等元宇宙虚拟地产平台，都有着一

定的资源，这也为我从事元宇宙中介提供了方便。虽然，如今的元宇宙地产开始走下坡了，但我相信这是暂时的，未来这个商业会变得越发成熟和稳定，虚拟房地产也将成为投资者的新选择。

元宇宙建筑师：最冷门的新职业

河马，元宇宙建筑师

我猜，这应该是元宇宙里最冷门的职业。其实这个职业，跟元宇宙一些虚拟地产平台息息相关。

因为有些人在这个地产平台购买地皮后，实际上也想拥有一个温馨的家。但是让他们自己去设计搭建也并不现实。这里面涉及一些设计学，就需要我们这些元宇宙建筑师去完成房屋的设计和搭建。

我们不仅仅提供设计方案，还会提供一些家具等虚拟道具的布局和设计，包括像一些家具、房屋总体设计、室内设计等。

我的客户主要来自国内，也会接一部分国外的用户订单。对于国内用户，我们会根据他们的想法、性格，以及风水等因素，为他们的虚拟地皮建造一座好看的房子。大部分国内用户喜欢国潮以及山水的设计风格，国外用户更偏向于新潮朋克的风格，我们在房子的设计上会加入一些金属风。为用户设计一个虚拟的房子以及室内设计，差不多一单是在300元。

当然，我们也不只是做个人用户，也会做一些平台的生意。有些数字藏品平台，他们会推出相关的3D房产数字产品，我们也会为他们设计。一般像这类数字产品，价格都比静态的图片类的价格高，在300~1000元一个，我们抽佣差不多是1/3。据我了解，有些人会选择单干，并成立自己的团队，他们一年做这个，能赚近百万元，多的上千万元。

由于这个赛道目前还比较小众，所以从业的人并不算多，但是如果说虚拟房产能够进一步火热，或者说进一步提升商业价值，那么元宇宙建筑师这个职业也将迎来井喷式发展，而元宇宙建筑和元宇宙设计的需求也会越来越多。

元宇宙时尚设计师：互联网大厂布局时尚类数字平台

李兴，元宇宙时尚设计师

这是一个非常新的职业，实际上从事的就是做一些虚拟衣服、皮包等物品的设计工作。目前，在国内，比如像字节的沸寂、小红书等一些平台，正在招募相关的从业人员，需求正在变大。作为元宇宙时尚设计师，我们可以在这些平台里，设计一些别出心裁的虚拟作品。

我目前属于兼职状态，在传统设计行业里面待了三年，之前也曾设计过相关的虚拟作品。但是相对于这类元宇宙时尚设计而言，作品的质量要求会更高。因为，元宇宙本身就代表着一种时尚和风潮。所以我们在设计理念上要突出这一点，而且还得加入一些不同的元素，难度非常大。有些人曾跟我私底下说过，我们设计的一些作品完全看不懂，可能看不懂的就是艺术吧。

一般而言，设计一套3D类的虚拟时尚物件，工期是一个星期到两个星期。我们做完后会给平台方进行审核，审核通过后，就可以正式售卖。一般像这类作品价格都是在80元到几百元不等。利润还是可观的，因为这些虚拟的3D类时尚作品，实际上也是数字产品的一种。有些人为了投资或者收藏，会选择购买，平台发售后，差不多一个小时之内就会售光。我们作为设计师，可以从中获得差不多70%的利润。

据我了解，在互联网大厂当中，除了字节跳动和小红书外，其他公司也开始在做相关时尚类数字平台或活动，我身边就有不少的传统设计师朋友，正在接触这些平台。

在虚拟的数字时尚平台中，可以发挥更多的想象，不会束缚于传统的设计观念，而且，在虚拟时尚行业当中，对于一些刚入行的人而言，元宇宙时尚设计师这个职业，会有更多的想象空间和发展机会。

元宇宙时尚设计师一职，可以说是给了像我们这类传统设计师一个“新生”。另外，听数字平台运营人员说，未来，我们也有可能在数字平台中举办自己的个人作品展览，让更多的人欣赏到自己的作品，这在传统设计界是很难实现的，这无疑也会成为我们的创作动力。

元宇宙活动策划师：策划一场盛大婚礼从几千元到上不封顶

火花，元宇宙活动策划师

这个职业主要做的，就是将一些线下无法实现或者无法举办的活动和典礼，在线上正常举行，并策划其中的一些场景和活动。

实际上做这一行，最早应该追溯到之前的云结婚、云相亲。

由于疫情，一些线下的活动无法顺利举办，在线上举办活动成为不少人的选择。疫情期间，出现了不少的云相亲和云结婚，但这类活动更多的是以视频的形式展示，所以一些细节还是无法正常实现，需要借助虚拟手段铺设场景。

在国外这个非常流行，一些新人不能举行传统的盛大婚礼，于是决定在元宇宙中举办一场霍格沃兹主题的婚礼派对，甚至新娘已经过世的父亲也会参加这场虚拟派对并送上祝福。国内还处于起步阶段，但前景乐观。

我们公司和一些游戏公司合作，专门做这一类的活动策划。比如一对新人，他们想举办线上的婚礼，他们可以把想要的虚拟结婚场景设计和布局告诉我们，然后我们会让游戏公司去做，再把做的婚礼场景反馈给这对新人，通过不断的反馈和修改，最终可以打造出一个完美的虚拟婚礼场景。

接下来是为这对新人设计3D人物虚拟形象，我们会根据他们的想法去设计一对虚拟新人，然后会为参加婚礼的亲朋好友也设计一套虚拟人物，这些亲朋好友只要通过微信授权，就可以化身成对应的虚拟人物。

在整个元宇宙场景中，还会加入结婚誓言、收礼等功能，使整个婚礼活动更加逼真和形象。一般而言，像这样一场婚礼策划的价格，要看要求而定，常规几千元，如果客户要求高，则上不封顶。

第六章

数字文明时代和个人经济体

第一节

与物联网合作共赢的新经济时代

之所以说物联网是改变人类组织经济生活的颠覆性科技，是因为它帮助人类重新融入复杂的生物圈，在不损害地球上生态关系的情况下大大提高了生产效率。在新时代，我们每个人都是生物圈神经系统的一个节点，可以说物联网正在彻底改变人类在地球上的生活方式。

——杰里米·里夫金《零边际成本社会》节选

做生意的逻辑变了

现代商业的重心在悄无声息中已经由“商品”变成了“用户”，我们正在进入一个用户大于一切、用户决定一切的时代。

“我把过去20年用运气赚的钱，最近几年凭实力赔光了。”2022年上半年见了好几个事业有成的老朋友，见面寒暄后的第一句话几乎都是这句。

为什么很多人觉得生意越来越难做了？为什么以前积攒的经验和权威不灵了？

归根结底是在数字文明时代，做生意的底层逻辑变了。手握旧地图是找不到新大陆的。生活中，我们能明显地感受到一系列的变化：以前我们买衣服去商场、步行街，买家电去国美、苏宁，买生活用品去沃尔玛、好又多；后来淘宝网、京东网出现，大家开始在线购物；如今，我们靠着一台智能手机可以足不出户地买菜、买衣服、买鞋子、买生活用品等，甚至可以买遍“全球”，而且还送货上门。

从以上变化，我们可以看出，商业的重心在悄然变化，以前消费者上门去买东西，现在商家上门为消费者送产品、送服务。现代商业的重心由“商品”变成了“用户”。商业重心的转移，直接导致做生意的逻辑彻底变了。

传统商业的核心在于“商品”，无论是亚当·斯密还是马克思，他们的理论都是围绕“商品”展开的，还衍生出了商品价格、利润、货币、金融、信用等要素，构建了一套完整的社会体系。以前，人的行为都围绕“商品”进行，比如企业的组织架构围绕“设计研发商品—生产商品—运输商品—营销商品—卖出商品”设置。

而如今，这样的生意越来越难做了。用户成为商业的重心后，旧有的生意逻辑显然是不适用的。随着技术的革新、生产效率的不断提高，市场上提供的商品越来越多，“商品”和“人”的主动权发生了对换。我们已经发现了这样的事实：越来越多的商品开始主动去找人了，比如网购订餐、打车、买票、搬家，甚至还可以预约上门洗衣服、美甲等。毫不夸张地说，我们正在进入一个用户大于一切、用户决定一切的时代。

“以商品为重心”和“以用户为重心”这两种生意逻辑存在本质的区别，集中体现在两个方面：经营“商品”是向所有人提供相同的产品；经营“用户”是向不同的人群提供最合适的产品。另外，经营

"商品"是想方设法把产品卖给更多人；经营"用户"是先圈一群人，用不同的高匹配度产品让他们多频次消费，同时让这群人拉新的人进来一同消费。前者是一锤子买卖，后者没有边界，消费频次是可以无限扩张的。

很显然，后者体现了互联网思维。现在的新商业模式，各种应用平台，以及网红、大V、自媒体、直播达人等都是在围绕"用户"做生意。

未来如何将以"用户"为重心的生意做好，是很多人关心的话题。技术的发展对商业的影响是巨大的，在探讨商业的未来之前，我们应该先理一下互联网技术发展的三个阶段。

第一个阶段是以PC互联网、移动互联网为代表的信息互联网阶段，最大的贡献是解决了信息不对称的问题，靠获得信息牟利的二道贩子纷纷被淘汰。

第二个阶段是以物联网、人工智能为代表的物体互联网阶段，所有的人和物连接到一个类似神经系统的网络中，彻底改变了我们的生产方式、交易方式和派送方式。

第三个阶段是以区块链为代表的价值互联网阶段，解决了价值不对等的问题，每个人创造的价值都能得到精准记录并随时兑现。

如今，我们的生活应用大多处在互联网技术发展的第二个阶段，靠着个性化的产品匹配、交易方式和派送方式的改变为用户提供了更加便捷的购物。而在价值互联网阶段，如何将圈住的“用户”留住将是个人经济体面临的重大考验。

未来是用户决定一切，每一件产品在生产之前都应该知道它的用户是谁。毫不夸张地说，未来你拥有的用户黏性程度决定你的商业价值。

你会不会技术性失业

机器、系统正在逐渐抢走人类的工作，而且这种状况愈演愈烈，不只是低技术工种很容易被替代，只要是重复性、机械性的工作，以及需要海量检索和分析数据的工作，机器的威胁都不遥远。简而言之，好多人在跟机器的赛跑中出了局。

见过富士康工厂换班的人，都会被如潮水般涨落的人流震撼，可如今，这样的场景正在慢慢消失。最近几年，富士康时不时被爆出裁员的消息，自动化、机械化正在取代流水线上的工人。富士康总裁郭台铭在2018年就说过：“鸿海集团预计在未来五年内，将集团80%的员工替换成机器人，如果五年达不到目标，就改成十年。”

我们不得不正视这样一个问题：机器、系统正在逐渐抢走人类的工作，而且这种状况有愈演愈烈的趋势。调研公司牛津经济（Oxford Economics）分析数据后得出结论：到2030年前，全球大约有2000万个制造业工作岗位将消失，这些工作岗位的任务将由自动化系统承担。

实际上人们对机器会摧毁人类工作岗位的担心由来已久。1589年，英国人威廉·李（William Lee）发明了世界上第一台针织机，大幅提升了袜子、毛裤的生产效率，然而这个发明带给他的不是喜悦，而是四处碰壁，他甚至还遭到威胁。于是，威廉·李将这项发明献给了女王伊丽莎白一世，希望获得专利。令他没有想到的是，女王表示拒绝："你的发明可能给我可怜的臣民带来影响，肯定会剥夺他们的工作岗位，使之沦为乞丐，甚至毁掉他们。"

1811—1812年终于爆发了手工纺织业者对抗用机器生产棉毛纺织品制造商的卢德暴动，将机器和人对工作的争夺战推向了高潮，当时英国议会不得不通过法律，把破坏机器定为死罪。

这一现象也被经济学家关注到，20世纪初，经济学家凯恩斯提出一个新概念"技术性失业"，他曾讲过这样一句话："我们正在感染一种新的疾病，某些读者或许还不知晓这种疾病之名，但今后数年将频繁听到，那就是技术性失业。"

正如凯恩斯所预言的，20世纪机械自动化兴起时，"技术性失业"被频繁地提起。自2000年以来，机器人夺去了170万制造业工作岗位，其中中国55万，欧洲40万，美国26万，其他国家和地区49万。

什么样的工作最脆弱？华为副董事长、首席财务官孟晚舟曾给出这样的建议：选择职业的时候，不要选择和机器竞争的职业。

人工智能的技术革新来势汹汹，技术一旦成熟，以现在的技术传播速度，它对某个行业职位的替代可能很快就会完成。不只是低技术工种很容易被替代，只要是重复性、机械性的工作，以及需要海量检索和分析数据的工作，机器的威胁都不遥远。

BBC科技事务记者塞拉-琼斯说，从工厂流水线上的蓝领工人、办公室文秘粉领到证券交易员和记者等白领，在机器面前都是脆弱无力的。

未来这一趋势将更加剧烈，“时代的一粒灰，落到个人的身上就是一座山”。

举个例子。我们都知道真正的智能工厂打造是从自动化的点、线、面循序渐进发展的。从最开始的“点”阶段，用机器代替人工从事一些危险、枯燥、体力性的工作，到最终的“面”阶段，可以实现正常自动化、全程无人化或少人化。目前，中国大部分中小企业仍处于“点”的阶段，发展较快的部分企业处于“线”和“面”之间。试想一下，如果这一进程全部完成，又有多少人将要面临失业？

富士康已经装备了超过4万台机器人，未来可能要达到百万台，这得替代多少工人！再比如，自动驾驶汽车技术一旦成熟，中国上千万司机可能在10年内就得陆续失业。

更让人绝望的是，这些下岗工人如果想去服务行业另谋出路，会发现那里也在迅速被机器占领。《与机器赛跑》一书告诉我们，正是因为技术创新的步伐太快，才把许许多多的人抛在了后面。简而言之，好多人在跟机器的赛跑中出了局。而且，这不是一次通常的失业，这是一次可能会给一代人的命运带来巨大转折的危机，甚至会波及人类经济、社会乃至政治领域。

如何打破这次危机

传统的解决方案已经应对不了新世界的危机。让每一个小群体靠兴趣、价值观、心灵的追求、有趣的表达整合起来，形成一个个小而美的商业形式，这就是未来人不会被机器替代的那些岗位群聚的选择。

面对这波来势汹汹的技术性失业，很多人在讨论什么样的工作不容易被替代。其实要打破这次危机，并不是简单地躲开机器涉足的领域。

这不是一轮简单的新技术应用，而是底层技术的革新。世界正进入数字经济快速发展的时期，人类社会正在迈向数字文明新时代，继游牧文明、农耕文明和工业文明之后的数字文明是人类社会发展的高级形态。

英特尔首席执行官帕特·基辛格认为，数字文明新时代的到来会从根本上改变人类感知技术力量的方式，改变人类与电脑、家具以及汽车的交互方式，甚至彻底改变整个世界。因此，传统的解决方案已经应对不了新世界的危机。

在2021年世界互联网大会上，中国电信董事长柯瑞文的发言非常有趣，他将5G、千兆光纤、云计算等新型信息基础设施提供的链接、算力、算法、平台服务等要素，比作工业文明时代的水、电、路、油、气等资源，认为这些要素是经济社会发展离不开的基础。

由此可见，在数字文明的新时代，主导经济社会发展的基础已经发生了改变。

杰里米·里夫金预测：资本主义时代正逐渐离我们远去，尽管这一进程并不迅速，却是大势所趋。与此同时，一种改变我们生活方式的新型经济体制应运而生，它就是协同共享。到2050年，协同共享很可能在全球大范围内成为主导性的经济体制。而资本主义制度将在整合网络服务和解决方案的基础上发展成为新经济中强大的合伙人。

随着技术的革新和物联网平台的构建，不仅主导经济社会发展的基础发生了改变，未来，经济体制也将发生变化。在这个已发生翻天覆地变化又充满未知和变数的世界中，我们该如何应对？笔者认为，有两点可以参考。

第一，深度联结，保持“接入”状态。杰里米·里夫金非常乐观地认为：物联网是新兴协同共享模式的“科技精神伴侣”，让数十亿的人通过点对点的方式接入社交网络，共同创造组成协同共享的诸多经济机会，“协同共享已经对经济生活产生了深远的影响，市场正让步于网络，所有权正变得没有接入重要”。互联网时代，消费者可以通过分享和链接成为个人经济体。所以说，保持接入，保持深度联结，在未来变得更加重要。

第二，未来制胜的核心在于“精”和“准”。长江商学院的廖建文教授提出了“颗粒度经济”的概念，他认为，当研究对象的颗粒度变小时，整个物理世界的理论体系和基本思想都需要彻底重构，商业领域也是一样。技术基础设施的发展使得我们所把握的商业要素的颗粒度越来越小，我们要从根本逻辑上抛弃过去一味做大的惯性，转向做深、做透。未来制胜的核心在于“精”和“准”，个人经济体在这一方面有着天然的发展优势。

最后，借用罗振宇的一句话总结：让每一个小群体靠兴趣、价值观、心灵的追求、有趣的表达整合起来，形成一个个小而美的商业形式，这就是未来人不会被机器替代的那些岗位群聚的选择。

第二节

个人经济体时代来临

这是网络个人经济的开始，新经济的单位不是企业，而是个体！

——《哈佛商业评论》

传统时代的个人经济体

在我国2000多年的封建社会，以一家一户为生产单位，也可以说，在漫长的2000多年里，我国以个体经济为主，不同群体按照职能各自分工。在互联网时代爆发式涌现的个人经济体和超级个人经济体，其实并不是这个时代才出现的“新物种”，究其根源是一种延续性的“进化物种”。

《人类简史》对人类社会和贸易的起源做了非常精彩的描述：人类曾有250万年的时间靠采集及狩猎为生，然而大约1万年前，人类开始投入心力驯化动植物，并慢慢掀起一场改变人类生活方式的农业革命。狩猎采集者完全没有金钱货币的概念，每个部落自给自足，都是一个独立的经济体，只有少数当地无法取得的稀有物品（例如贝壳、颜料、黑曜石）才需要从陌生人那里取得。通常可以用简单的以物易物处理。农业革命开始，情况并没有太大的改变，大多数人的生活形态仍然是小而紧密的社群。等到城市和王国兴起，交通基础设施改善，终于带来了专业化的新契机……以“金钱”为媒介的商业贸易登场。

如同人类的历史进程一样，商业活动随之不断进化演变。在互联网时代爆发式涌现的个人经济体和超级个人经济体，其实并不是这个时代才出现的“新物种”，究其根源是一种“进化物种”。

在我国2000多年的封建社会，主要的生产方式是小农经济，以一家一户为生产单位。也可以说，在漫长的2000多年里，我国以个体经济为主，不同群体按照职能各自分工，共同推动着社会的发展，创造了璀璨的中华文明。

《周书》称：农不出则乏其食，工不出则乏其事，商不出则三宝绝，虞不出则财匮少。意思是说，如果农民不生产粮食，那么食物就要匮乏；工匠不生产器物，劳动与生活就要陷于困厄；商人不进行流通，那么粮食、器物、财富就要断绝；虞人不开发山泽，资源就会缺少。由此可见，这些个体经济就像是社会的细胞，不可或缺。

古代的个体经济在历史进程中发挥着不可估量的作用。西周初期，姜太公被封在营丘，那里都是盐碱地，条件恶劣，劳力很少，姜太公鼓励妇女们纺线织布，大力推进本地的鱼盐流通到外地去，很快齐国的鱼盐、帽子、衣服等产品行销天下，齐国成为远近闻名的富庶之地，吸引了大量人口搬迁过去。后来，齐国中途国力衰弱，管仲又修订了太公的政策，设立了调节物价出纳货币的九府，这些个体经济很快兴旺起来，齐桓公很快成为春秋五霸之一，多次会合诸侯。

这些小而多的个体经济，在漫漫历史长河里，也产生过一批具有时代特征的超级个人经济体。比如，范蠡、子贡、白圭等都是《史记·货殖列传》中记载的著名超级个人经济体。他们凭借过人的胆识、独到的眼光，以及对时机的把握，赚取了大量的财富，实现了个人的人生价值。

改革开放后，沉睡的个体经济重新被唤醒。1978年12月，十一届三中全会的两个农业文件解禁了农村工商业，第二年开始出现第一批个体户。1979年底，全国个体从业人员发展到31万人，比1978年增长了一倍多。《中华工商时报》原副总编辑张志勇表示，在当时，这是一个非常保守的数字，绝大多数个体户还处于“地下”状态。但个体私营经济，如暗流涌动，势不可挡。

如今，互联网技术的进步催生了个体经济向个人经济体进化。随着个人经济体如雨后春笋般地出现，它的定义也逐渐清晰，被赋予新的时代特征。

从商业的角度分析，传统时代“个体经济”获取的财富，更多地指向家庭、家族，没有完全体现出对社会的价值。在以互联网为代表的新时代，个体经济向个人经济体进化，并延伸出新的内涵：尽管表面上还是以个人为商业价值取向，但最终和那些企业家一样，个人经济体一方面缴纳增值税，另一方面解决了部分社会就业，给大众创造了价值。

由此可见，个人经济体在进化过程中更开放，内涵更丰富，能量更强大，也开始承担更多的责任。不管是古代的个体经济、新中国成立以后的个体户，还是如今的个人经济体，有一些特征是共通的。

一是要善于把握时机，用我们现在的话说，就是要抓住风口。周人白圭靠做生意赚了很多钱，他的经商诀窍就是善于把握时机。太岁星处在太空中的卯宫，天下就要大丰收，但第二年会歉收，这个时候，白圭囤积的货物大约比往年的货物多一倍。白圭曾说过：我经营生产就像伊尹、吕尚策划计谋，就像孙子、吴起运用兵法，就像商鞅推行法制一样。因此，抓住风口后就要身体力行地落地执行。

二是找准方向，做深做透。范蠡当年帮助越王勾践成就霸业后，急流勇退，跑去了齐国，后来又几经波折，终于选定了陶邑。范蠡觉得陶邑是天下的中心，各诸侯国都有路通往陶邑，陶邑是进行货物贸易的最佳场地，于是他开始在陶邑治理产业，最终成为一代商圣。

而这些跨越历史长河的道理，放在如今也一样通用。

崛起的个人

在铺天盖地的智能网络之中，个体即使仅借助一个ID，其价值也会得到极大的凸显，只要足够独特、足够抓人眼球，就可以让个体价值被更多人看到。

北大才女刘媛媛一晚上卖书卖了1亿元，丁真靠一己之力带动了理塘旅游产业发展，李佳琦一句“Oh my god！买它！”可以创下几亿元的销量……在过去看上去很荒诞的事情，如今在数字经济时代时刻都有发生的可能，这就是个人的崛起。

蒂姆·克拉克在《商业模式新生代》里表示：在网络时代里，落地化的英雄模式不再让人望洋兴叹，而变得接地气，变得近距离，单枪匹马、特种兵的个人能力被尊重并得到释放，成为比伟人传记更具鼓励性质的个人模式。

如今，越来越多的个人能力被看到，价值被看到，影响力被看到。但是，为什么在中国漫长的几千年历史中，在商业领域出现的“能被大范围看到的个体”寥寥无几？是现代人比古代人更加聪明？一件件精美的出土文物可以佐证，这个结论是站不住脚的。

为什么？我们先来看一段罗振宇的故事。

曾经呼吁“U盘化生存”的罗振宇，以《罗辑思维》为案例，对传统时代和新时代两种模式下的节目制作逻辑做了一次清晰的对比。

我们都知道，《罗辑思维》每期点击量100多万，和CCTV的有些著名栏目相比，名气和影响力丝毫不逊色。2008年，在中央电视台做制片人的罗振宇和领导闹掰，愤而辞职。这样一个离开组织平台的个人是如何靠自己做出这么有影响力的节目的呢？

按照传统的节目制作流程，央视所有的资源都是从组织内部获取的，它需要各地的差转台、各个城市中心的转播塔、底层的上万名员工，在巨大的资本、人力投入之后，才能做出一档节目。而草根生产的《罗辑思维》，赖以生存的底座则是社会化资源的免费整合，比如优酷等互联网视频网站的带宽服务器、微信平台等，根本不需要庞大的内部组织系统和巨额的资金、大量的人力投入。

罗振宇离开组织仍能搞出影响力的根本在于，社会上有大把快速、便捷、好用又免费的宽带服务器、平台等资源供他选择。他只需要发挥出个人能力，就可以轻易地利用这些资源和工具，将创作的内容送达更多的人。

技术带来的影响是不可逆转的，互联网是底层革命，它从根基上改革了产业方式。在铺天盖地的智能网络之中，个体即使仅借助一个ID，其价值也会得到极大的凸显，只要足够独特、足够抓人眼球，就可以让个体的价值被更多的人看到。

杰里米·里夫金认为：物联网分散和互联的本质深化了个人参与创业的程度。比如，随着社交媒体的兴起，樊登可以脱离组织，靠在社群里讲书就赚到了第一桶金，随后创办读书会，以个人品牌开发App。

很显然，在数字经济时代对“个人的崛起”是非常友好的。知识型个体可以在知识付费平台卖课程；资源型个体可以做金融、房地产等领域的居间、经纪服务；技能型个体可以在众包网站上接项目；才艺型个体可以成为网红、主播；劳动型个体可以做外卖骑手、货车司机……

如今崛起的个人已经成为一股无法忽视的力量，根据国家信息中心发布的《中国共享经济发展报告（2021）》，2020年共享经济参与者人数约为8.3亿人，其中服务提供者约为8400万人。2021年，中国共享经济的市场交易规模超3.6万亿元。

我们相信，就像杰里米·里夫金预测的那样：一个通过提高社会内涵来增强自主创业精神的时代即将到来，毫无疑问，聪明、杰出的千禧一代认为自己是“社会创业者”，对他们而言，其创业者的身份和社会成员的身份将不再互相矛盾，而是相互促进。

数字经济时代的机会

数字化的下半场正在从消费端向生产端蔓延，而平台也将从整合消费者走向整合生产者，作为依赖平台而生的个人经济体，想要在数字化的下半场分一杯羹，就应该向生产端去寻找新的生意机会。

我们在上一节提到：由于个体价值的唤醒与技术赋能，个体发展速度在加快。技术的发展不仅催生了个人经济体的繁荣发展，更是将我们全面推向数字经济时代。

数字经济会成为未来主导的经济形态，这一点早已达成全球共识。中国信息通信研究院发布的《中国数字经济发展报告（2022年）》指出，2021年我国数字经济规模达到45.5万亿元，占GDP的比重达到39.8%。

中国发展研究基金会副理事长刘世锦在接受《新京报》采访时说，数字技术的通用性、非竞争性和非实体性，将带来深度渗透、要素共享、跨界融合，未来整个经济社会的组织方式、生产生活方式都将以数字化方式存在。

那么，数字化的下半场究竟在哪儿？个人经济体如何抓住下半场的红利？

多份权威报告释放了一个非常明显的信号：数字化正在从消费端向生产端蔓延。

《中国共享经济发展报告（2022）》显示，2021年中国共享经济增长明显，但从具体结构来看，不同领域的共享经济发展不平衡情况突出：办公空间、生产能力和知识技能领域的共享经济发展较快，增长了53.4%，占比超过了一半。共享经济正在从消费端向生产端加速延伸，因此知识、技能、办公空间、生产能力等要素的共享就成了必然。

阿里巴巴发布的《2022数实融合趋势观察》显示，数实融合正从消费迈向生产，从餐桌走向土地，从大企业走到中小微企业，从数字化转型走到天生数字化，同时，数字化与低碳化开始孪生发展。从数字技术层面，我们看到了从消费端迈向生产端的趋势。

实际上，数字化的上半场主要集中在消费端。截至目前，比较成功的数字平台绝大部分在消费端，无论是支付、网购、外卖、打车还是社交。

北京大学国家发展研究院副院长黄益平从平台经济的角度分析指出，平台经济从20世纪90年代发展至今，是迄今为止中国少数几个一直紧跟国际经济技术前沿追赶的领域。这些平台在过去主要整合了消费者，将来很重要的新内容是整合生产者，在不同的生产者之间形成不同的组合。

我们都知道，个人经济体的发展离不开平台，平台将从整合消费者走向整合生产者。个人经济体要想在数字化的下半场分一杯羹，向生产端去寻找生意机会，显然是一个不错的方向。

为了配套发展，国家对此也是大力支持。中央网络安全和信息化委员会印发的《“十四五”国家信息化规划》指出，鼓励企业开放平台资源，推动公有云资源共享，打造共享生产新动力。探索生产资料共享新模式，鼓励各类经济主体按照市场化配置方式推进生产资料共享。国家发展改革委发文支持新个体经济发展，指出要探索生产资料共享新模式，盘活空余云平台、开发工具、车间厂房等。

由此可见，未来个人经济体发展的领域更加广阔，可以利用的资源也更多。

超级个体是未来最大的存在形式

超级个体现象已经不再是个例，他们甚至影响着我们的消费与认知。

首先要说明，“超级个体”并不是一个新鲜词，它在2020年就已经出现了。

新冠肺炎疫情发生后，个体在线时间爆发性增长，消费场景向线上转移，数字集成平台的流量聚拢效应无形中促成了超级个体现象的出现。

比如李佳琦这样的网红主播就属于当下的超级个体，借助互联网，嫁接上供应链，一场直播的销售额可能超过一个大卖场一天的营业额，一个人创造的价值可能超过一个上市公司。罗振宇被大家熟知除了因为《罗辑思维》之外，还有他的跨年演讲、其创建的得到，这些都是超级个体创造力的体现。

超级个体已经不再是个例，他们甚至影响着我们的消费与认知。

伴随着超级个体的是超级平台的出现。从商业竞争的角度来看，厉害的企业未来会变成超级平台，而厉害的个人会变成超级个体。只有超级平台才更容易在市场中确立竞争的主导地位，也只有超级个体才更容易持续发展，在竞争中脱颖而出。

超级平台和超级个体正在崛起，当然二者更多的是相互成就。超级平台滋养超级个体，而超级个体能够提升用户黏性，提升平台影响力，提升平台的商业价值。

毫无疑问，超级个体现象会持续存在，并且会出现更大的影响力。很多学者预测，这一现象在未来的元宇宙时代将得到进一步展现。

元宇宙是复杂且庞大的场景，可以看作人类社会的虚拟复刻版本，它的构建是所有参与者的共建。在共建过程中，小到一个主题、界面、人物、数字资产，大到一个完整的虚拟空间，个体都可以将创造力发挥到极致。可以说，未来元宇宙为个体提供了更加广阔的发挥平台。

第三节

如何打造成功的个人经济体

个人经济体是一个不断进化的物种，而且在每个阶段的核心驱动要素是不一样的。

个人经济体的五大模式三个阶段

个人经济体是一个不断进化的物种，而且在每个阶段的核心驱动要素是不一样的。

我们在对众多个人经济体案例进行研究时发现，按照发展模式，总体上可以将个人经济体归纳成五大类。

第一类是养流量带货式。这类个人经济体的大致发展路径是先积累粉丝，再想办法变现。起初，这些个体通过内容、话题或热度营销积累了一定的粉丝量，成为某个领域的流量网红，然后再通过卖货、个人品牌输出等途径将粉丝经济变现。比如抖音上唯一一个粉丝量近1亿的疯狂小杨哥、靠粉丝流量卖货3年还清6亿元债务的罗永浩，以及点“粉”成金身家过亿的“宇宙第一博主”Chiara Ferragni。

流量来时如烈火烹油、鲜花着锦，但是养流量带货式的个人经济体在发展过程中，仍面临三个绕不过去的问题。问题一：如何“固粉”+持续“吸粉”？问题二：做大之后如何平衡和平台之间的关系？问题三：当你拿起了这块“注意力经济”时代的敲门砖，如何将这种受众的注意力转化成商业价值？

第二类是个人IP运营式。根据个人IP的市场现状，可以将其定义为：在某一个领域形成的公共认知的个人形象。因此，个人IP具有垂直领域、特定形象、共同认识三大特征。

如今，我们所看到的大部分个人IP基本都深耕在某个垂直领域，这样才能形成精准的粉丝聚拢效应，从而产生较高的商业价值。比如，深耕亲子市场的“凯叔”、围绕“她经济”种草的黎贝卡、为孩子做玩具开箱的莱恩·卡吉、擅长用不正经方式讲正经故事的混知等。这类个人经济体的创作、输出、商业价值、变现都是围绕个人IP做文章，因此，保持个人IP的健康不被污染，以及可持续性是重中之重。

第三类是产业链式。这类个人经济体是已经发展到一定阶段的个人经济体，很多都已经经历了个人IP的打造、流量的早期积累，以及探索出了自己的商业变现模式，他们大多已经向组织化进化，拥有完整的生意链路和商业版图，甚至进化到谋求IPO、成为公众公司的阶段。

这个阶段的个人经济体很多都可以被称为现阶段的“超级个人经

济体”，跑得比别人快，走得比别人远，格局也比一般的个人经济体更高远，但他们如今大多数面临着公众对其个人IP色彩过重、业务发展可持续性不足的质疑，比如罗振宇、吴晓波等。

第四类是社交商业式。在传统的社交商业模式中，人流量相对固定，比如传统社交商业中具有代表性的直销，熟人圈子、面对面拜访是生意达成的主要路径。但在互联网时代，流量经营成了商业经营过程中的关键核心，重新塑造出一个产品+流量+服务+资源的多元化的商业模式，不仅能够快速吸引更多的群体，而且更加快速、便捷，借助相关平台工具，成本也能得到有效控制。

我们在研究中发现，直销等成熟的传统社交商业和新时代借助互联网工具的新社交商业各有所长，如果二者能够有机结合，将迸发出不可估量的商业价值。比如，互联网时代的消费者因为具备分享和链接能力变得强大无比，在社交商业中，如果把自己的产品变成帮助消费者赚钱的工具，将会孕育更多的成功个人经济体。

第五类是以元宇宙为依托的个人经济体。被称为元宇宙开拓者的马修·鲍尔认为，元宇宙是一场颠覆性的变革，并且是我们的下一个生存之地，而元宇宙里的元市场预计将是一个开放的市场，其中企业和个人可以自由地参与活动。未来元宇宙将是虚拟世界里的一座待采的“富矿”，如何开采还有待时间给出答案。

我们在做案例分析的时候发现，这五种个人经济体的发展模式并不是完全独立、永远不变的，而是根据发展阶段呈阶梯状分布。比如，靠养流量带货起家的个人经济体，发展到一定阶段开始自然而然地形成个人IP，然后有的开始靠个人IP驱动的模式发展，随着发展壮大，进一步向产业链模式进化，成为超级个人经济体。

从这些案例中，我们也可以看到，个人经济体是一个不断进化的物种，而且在每个阶段的核心驱动要素是不一样的。

对于个人经济体的三个发展阶段，下文将分别进行详细分析。

起步：再小的个体都能成为品牌

在互联网时代，个人品牌就是变现的放大器，我们处在一个前所未有适合打造个人品牌的好时代，互联网提供了免费又高效的机遇平台，只要抓住机会，敢于尝试，你就能打造出属于自己的个人品牌。

我们的社会正在发生什么？

我们可以用思想家查尔斯·泰勒的“嵌入—脱嵌”理论来描述这一变化。“嵌入”意味着自我认同依赖于特定的组织、社会、宇宙想象，自我不过是大存在链（great chain of being）中的一环。“脱嵌”是指自我理解方式发生了巨大的转变，不再把自己看成是大存在链的一个环节，而是一个独立的个体，自我是价值和意义的来源。

是的，我们的世界正在朝着这种“个体自我觉醒”的方向加速前进。

在这个充满不确定性、个人快速崛起的时代，我们应该做什么？当然是顺应潮流，加入进来！微信有一句更具鼓动性的标语：再小的个体也有自己的品牌。我们怎样打造自己的品牌？

第一步，改变思想，自我觉醒。一个“沉睡”的人永远无法看到自己身上潜藏的力量和价值。我们应该先从根本上改变自己的思想和想法，与数字文明同频共振，这样才能在数字时代抓住生意的机会。

第二步，做好定位。我们可以向“定位之父”杰克·特劳特学习定位理论。所谓定位，就是让企业的产品或服务在消费者的心智中占据最有利的位置，并获得用户的优先选择，从而代表某个类别或某种特性。打造个人品牌同样如此，做好定位，打造属于自己的独特标签。

标签是互联网时代群体聚集的识别器。杰里米·里夫金曾经预测人类旅程的下一个跨越将进入生物圈意识，生物圈是我们的整个地球社区。随着全球网络将每个人连接起来，年轻人会发现，在生物圈中同感文明开始迅速横向扩张。

虽然现在的互联网以国家和地区为单位，呈碎片化，但区域的生物圈已经构成，同感文明在迅速组合，互联网上的个体标签化、社群化、圈层化已经形成。因此，做好个人的定位非常关键，不仅能让你快速通达到对应的人群，还能快速建立起自己在相关领域的影响力。

吴晓波曾经说过这样一句话：做一个产品，千万别想卖给所有人。同理，作为个人经济体，千万别想着老少通吃，找准你的定位，找准你对应的细分人群，这样资本、资源才会被吸附过来。

第三步，持续释放信号，吸引更多注意力。所有的东西变得越来越丰富，唯一变得稀缺的是人类的注意力，没有哪一种技术可以增加你的注意力时间。凯文·凯利认为，金钱是会随注意力走的，你能够吸引注意力，就会赚到钱。

在互联网时代，个人品牌就是变现的放大器，我们处在一个前所未有适合打造个人品牌的好时代，互联网提供了免费又高效的机遇平台，只要你抓住机会，敢于尝试，就能打造出自己的品牌。

发展：不确定时代的进化能力

我们面临的世界充满了不确定性，你永远不知道明天会发生什么，也不知道下一个颠覆性的技术何时到来。

凯文·凯利有句名言：跟30年后的我们相比，现在的我们一无所知，必须相信那些不可能的事情，因为我们尚处于第一天的第一个小时——开始的开始。

不要说30年后，就是未来10年会有什么变化，可能都没有谁说得清楚。这就是我们面临的世界，一个充满不确定性的时代。

20世纪八九十年代，美国有个叫巴克的物理学及系统科学家提出了著名的“沙堆效应”。我们都有玩沙子的经历，将沙子一直往上堆，很快就会形成一个小规模的沙堆，继续往上堆，突然整个沙堆毫无征兆地塌了。巴克在研究中发现，刚开始，落下的沙子对整个沙堆影响很小，当沙堆高到一定的程度，落下一粒沙子就可以导致整个沙堆发生细微移动，你永远不知道是哪一粒沙子将整个沙堆推到了崩塌的临界点，就好比你永远不知道是哪一项技术的出现让现有的一切发生翻天覆地的变化。所以，马化腾、任正非等一众大佬永远充满着危机感。

我们还可以从颗粒度的角度来分析我们面临的世界。在物理学领域，当研究的对象从宏观、低速的质子变成微观、高速的量子时，整个物理世界的理论体系和基本思想都彻底重构了。

随着以互联网、人工智能为代表的技术的不断发展，从大型机、小型机、微型机、手机到物联网，技术基础设施不断发展，商业要素的颗粒度变得越来越小。这就是2019年开始被人频频提及的"颗粒度经济"，我们的经济生活的众多领域也面临着重构。

在这个充满不确定性的年代里，个人经济体应该如何应对呢？

一是保持进化能力。达尔文1859年出版的《物种起源》系统地阐述了进化学说：生物是进化的，自然选择是生物进化的动力。而这套理论同样适用于个人经济体的发展，物竞天择，适者生存。

比如，靠TBS起家的"宇宙第一博主"Chiara在Instagram横空出世后，没有丝毫迟疑，迅速转战Instagram，并根据新平台的玩法和游戏规则，组织团队，投入专属资源，打造和TBS完全不同的产品。从后来的发展趋势看，Instagram崛起的时期成了许多时尚博主发展的分水岭，以Instagram为阵地的一大批新时尚博主如雨后春笋般涌现，而仍然用文字形式传播内容的网红开始慢慢"消失"在公众的视野中。持续火了13年的Chiara之所以拥有穿越周期的庞大流量，离不开她在互联网时代平台迁移中展现出来的前瞻性。

其实，国内也有很多类似的案例，很多个人经济体赶上了第一波红利，但由于没有适应快速变化的环境、平台而黯然退场。

二是打造专属标签，体现独特性。在营销为王的时代，很多营销大师高声疾呼：一招鲜的方式已经过时！这句话同样适用于个人经济体。在抖音、快手等流量平台出现过一些凭借机遇风口突然爆发的个人，在享受流量的红利后，他们像一颗颗流星迅速地陨落。

因此，个人经济体想要拥有顽强的生命力，创新能力非常重要。比如吴晓波就是个很好的案例，他依托吴晓波频道不断地推出多种衍生产品和内容，声浪一次比一次大，这是吴晓波作为个人经济体的生命能量，也是吴晓波系商业版图的驱动力。

成熟：向组织化学习，寻求基业长青

向组织化大生产取经，向组织化转型，是超级个人经济体现阶段保持可持续发展势头、通往基业长青之路的最行之有效的方法。

在个人经济体发展的初期，很多人都是特种兵，像一个复合杂糅的多面手。

随着个人经济体规模的不断扩大，他们面临一些棘手的问题：市场需求不断增长但个人精力不足，个人IP飞速增长但公司总业务发展不起来，业务发展模式遭到是否可持续的质疑，抗风险能力差等。

遇到这么多问题该怎么办？我们在研究了个人经济体的五大类型后发现，向组织化转型是现阶段最行之有效的方法。但是，个人经济体的组织化和传统公司的组织化有着明显的区别。个人经济体的组织化是数字化时代的组织化。

到底什么样的组织化适合个人经济体？我们主要从以下三个方面进行谈论。

赋能型组织

罗振宇的案例就很能体现这一点。为了公司的基业长青，罗振宇雇用了一位“职业杀手”和他一起“杀死”网红罗振宇，淡化个人IP的同时，完成角色的转换，成为向组织赋能的人。罗振宇内部孵化员工的项目“八里庄抗大”培养了一批优秀的产品出品人。得到上《梁宁产品思维30讲》《华杉讲透孙子兵法》《王烁30天认知训练营》《高爽天文通识课》等优秀的产品，出品人全部是“抗大”毕业生。罗振宇通过赋能，培养了更多的个体，让他们成为一个个“小发动机”，提升了得到的业务可持续能力。

协作型组织

传统企业组织僵化的大部分原因是根据分工各自为政，但数字化的组织往往最先打破的就是这些人为竖起的“篱笆”。“凯叔讲故事”的内容创作团队按照需要，组成了相对固定的12个工作室，单个工作室大的有28人、小的初期只有一个人，所有人在发挥自身专业的同时，更多的是协作状态。另外，除了内部协作，还有外部协作，以一种规模化的方式，让成千上万甚至几十亿的人以协作的方式进行互动和创作，那种力量是巨大的。

价值共生型组织

随着区块链技术的发展，每个人创造的价值都能得到精准记录并随时兑现，和个体共享价值将是数字经济时代组织的未来趋势。

第七章

个人经济体发展与平台的关系

第一节

平台赋能个人经济体的六大要素

未来，所有的公司都将变成创业平台，每个人都是一个中心，成为创业者。共享经济下，商业成本不断降低，个人开始有机会脱离组织成为新个体，传统的公司+团队模式将变成平台+个人。

2018年，字节跳动创始人张一鸣对话清华大学经管学院院长钱颖一教授。当时，钱颖一教授问他为什么在搜索引擎公司经营得还可以的情况下，主动选择创业。

张一鸣的回答非常坦诚："做一个垂直业务和平台业务相比，做平台型产品的机会非常难得，所以主动选择了去创业。"

对一向善于看大浪潮机会的张一鸣而言，很显然，做平台型企业就是他眼中的浪潮。2015年前后字节跳动成为平台企业，2018年成为全球性平台企业。

近年来，平台蕴藏的经济价值频频得到官方的认可。国家发展改革委曾发文表示：要进一步发挥平台经济潜力价值，赋能经济社会高质量发展。

随着平台经济重要性的提升，伴随而来的另外一种呼声也越来越大：未来所有的公司都将变成创业平台，每个人都是一个中心，成为创业者。

这个呼声的主要观点是“个体+平台”将成为未来的主流商业模式，其背后的逻辑是：2014年移动互联网开始飞跃式发展，共享经济下，商业成本不断降低，个人开始有机会脱离组织成为新个体，传统的“公司+团队”模式将变成“平台+个人”。

由此可见，平台的作用将变得史无前例得重要，也将成为个人经济体发展的核心生产要素。

那么，一个优秀的、适合个人经济体发展的平台应该具备哪些特质？从目前最成功的平台经济缔造者张一鸣身上，我们可以得出一个现成的答案。

有人曾经问张一鸣：字节跳动快速成为一家新独角兽公司的核心竞争力是什么？张一鸣毫不迟疑地回答道：直接核心竞争力是产品，产品背后是我们的技术系统，技术系统背后是团队和文化。

抖音作为字节跳动旗下的王牌产品，其成功要素也可以从背后的技术系统、团队和文化中找到答案。但是，张一鸣也曾说过“互联网技术并不是垄断或者绝密的”，因此抖音平台真正成功的秘诀应该是隐藏在技术系统背后的用户观察和用户满足，技术系统只是实现目标的手段和工具。

对此，张一鸣曾说：“社交领域的创业让我有机会观察用户，在感性理解用户和产品方面有很大帮助。”

移动互联网时代，得用户者得天下。抖音在感性理解用户、留住用户，和用户一起共创价值、共享价值等方面表现得尤为突出：抖音通过技术系统不断降低用户参与门槛，让每个用户都有机会成为主角；大力扶植平台上的内容创作者，与用户一起共创价值；为留住用户，以“延迟满足感”来增强社群黏性；同时集合强社交和弱社交优势，用超强的商业变现能力和用户共享价值，打造良性的社区文化，打造共建生态，让商业价值可持续发展。

接下来，我们会逐一详细地描述以上六大要素体现的具体内容。

低门槛：人人有机会成为主角

在传统商业时代中有一句九字真言：得下沉市场者得天下。同样，在互联网时代也有一句意思差不多的话：得屌丝者得天下。

字节跳动创始人张一鸣曾在接受《新京报》采访时表示：移动互联网的发展让创作和传播的门槛降低了，这样的便捷为更多优秀作品的产生提供了可能。他甚至认为："这是一个巨变的时代，人们有可能不太适应它的变化，但它其实是最好的时代。"

"低门槛"听上去是一个极度没有技术含量的词，然而，在实际的操作中，有很多平台在发展壮大过程中倒在了"门槛太高"上。

在传统商业时代中有一句九字真言：得下沉市场者得天下。同样，在互联网时代也有一句意思差不多的话：得屌丝者得天下。这两句话看上去是在描述不同的对象，第一句话讲市场，第二句话讲消费人群，但实际上，这两句话都指向了同一种现象：将门槛降低，降低，再降低。

按照社会人口结构分布，中国有一半以上的人群属于“普通大众群体”。对平台公司而言，如何将这些占大多数的群体纳入进来关系到平台未来的发展，平台拥有的用户基数越大，意味着其发展的空间越大，可以撬动的资源越多。

张一鸣这一思路贯穿抖音的发展。抖音推出初期的定位是年轻人的音乐短视频社区，随着平台不断做大，如今的抖音已经成为一个面向全年龄段的短视频社区平台，平台的使命也随之变为：让每一个人看见并连接更大的世界。从这一点可以看出，抖音从细分小群体向全年龄段用户的拓展做得非常成功。

抖音到底是如何做到的呢？核心就是降低门槛，为此抖音使出了降低门槛三板斧。

第一板斧：降低参与门槛。我们都知道，抖音上有各种新奇的创意玩法，操作起来快速、便捷，这也是它能够迅速火起来的主要原因。这些操作便捷、令人产生新奇感的创意玩法，不仅成了抖音标志性的特色，还大大降低了用户自发参与创作的难度，就算是一个专业的内容创作者，也有创意枯竭的情况，更何况普通人。而这些简单、易操作的创意玩法大大降低了全民参与的难度，只要用户愿意，点击拍摄同款，几十秒就可以生产出一条属于自己的内容。为此，抖音吸引了一批较为稳固的粉丝群体。

降低参与门槛有一个著名的反面例子，那就是微视。抖音兴起后，微视一度被腾讯“复活”，仅在短视频创作者补贴方面就花了30亿元。尽管一开始微视也邀请了优秀的创作者进行创作引导，但其题材以影视作品的剪辑、明星内容的互动为主，这些内容看上去炫酷、刺激，但拍摄难度偏大，用户很难自我创作，因而无法实现专业团队向用户自发创作的转换，以致创作者的规模始终无法壮大。

第二板斧：用算法给所有人机会。抖音最让人津津乐道的当数算法，这也是抖音崛起的背后功臣。抛开技术层面的分析，抖音通过赛马算法、叠加算法等应用建立了去中心化的机制。总体来说，中心化分发机制与去中心化分发机制最大的区别是：中心化分发机制侧重于让网络红人更红，而去中心化分发机制的流量分配相对平均，任何一条视频都可以得到相同的推荐机会，后面的推荐量裂变根据视频内容的受欢迎程度来匹配。

比如，某个用户发布了一条短视频，抖音后台系统会自动分配500人次的推荐播放量，当这条视频的转发量达到50人次后，抖音系统会自动判定这条是受欢迎的内容，为其再增加10万人次的推荐播放量，以此类推，按照各层级的标准，系统将自动叠加。由于去中心化机制的存在，抖音每一个账号都有机会在算法的加持下，成为拥有百万粉丝甚至千万粉丝账号的潜力股。

只要你的抖音账号所发布的短视频内容足够优质，你就会获得越来越多的粉丝，甚至一夜成名。抖音用算法给了每个人爆红的机会，这对无数的草根来说，具有极大的吸引力，也大大激活了平台用户的参与度。

第三板斧：不断降低商业化门槛。商业化是抖音从短视频内容App变成创业平台的关键。抖音的商业化也体现了低门槛的特征，只要用户完成实名认证，并发布10条相关的短视频，就能在抖音中拥有自己的商品橱窗，通过流量收益获得佣金。通过橱窗权限下沉，开启了抖音的全民带货模式。

通过以上三板斧，抖音基本上完成了整个链条的低门槛布局，成为名副其实的面向全年龄段的短视频社区平台。

低门槛策略的有效性并不局限于线上平台，在传统商业时代，低门槛曾经造就过很多商业案例，比如直销行业。相比于许多传统的行业岗位，直销其实是一个门槛非常低的行业，不需要高学历、背景、经验，中国有上千万名直销员，在辉煌时期出现过一大批年销售额达百亿级别的公司。

大力扶持创作者

平台为什么要大力扶持创作者？因为内容创作者才是一个平台生命力的源泉！

2018年6月6日上午，微信专门对“赞赏”功能升级进行了宣传，这次升级主要体现在四个方面：微信公众号赞赏的对象由公众号变成了作者；免费转载在今后也有可能获得赞赏收益；支持恢复iOS端打赏；打赏的金额直接到赞赏者微信账户，不收取手续费。

微信的这一系列操作，被视为“借由赞赏功能升级唤醒沉睡的内容生产者”，甚至有人戏称，这一系列动作的背后，仿佛听到微信在呐喊：创作者们，快回来吧！

2017年，在今日头条第三届创作者大会上，张一鸣曾非常动情地说：“如果没有每一位创作者，就没有今日头条取得的成绩。”后来，对创作者的重视贯穿张一鸣所有的社交平台型产品。

这就出现了一个很有意思的话题：平台为什么要大力扶持创作者？这是因为，内容创作者才是一个平台生命力的源泉！

首先，平台要在海量信息更迭中保持持续的内容输出，需要依靠创作者。再优秀的平台算法和推送机制，其核心也是建立在海量内容的基础上的，如果内容池的作品少，用户很容易就“刷到了头”，感觉索然无趣的用户很快会抛弃平台“逃离”。

其次，优质的创作者才是平台长线收益的抓手。比如papi酱当年靠一句脍炙人口的“集美貌与才华于一身的女子”火遍大江南北，聚集了一大批忠实的粉丝；“口红一哥”李佳琦一句“Oh my god! 买它!”成了无数忠实粉丝的下单发令枪，直播场场火爆。

因此，如何留住且激活内容创作者是平台型企业必须面对的难题。

早在2015年，今日头条就举办第一届创作者大会，公布了扶持原创的“千人万元计划”。第二年的第二届创作者大会上，张一鸣宣布拿出至少10亿元人民币分给头条号上的短视频创作者。经过一年的扶持，头条号的账号总数由3.5万个涨到30万个，平均每天创作的内容消费由5.1亿次提升到18亿次。

张一鸣扶持内容创作者的思路，也延伸到了抖音的运营中。早期抖音开展了培养核心网红达人、挖掘培育草根音乐创作者的一系列活动。2019年8月24日，抖音在上海推出第一届创作者大会，发布“创作者成长计划”，在流量、场景、服务等各方面为创作者提供支持。在这次发布会上，抖音上线了创作者服务中心，创作者不仅能够看到数据分析、认证信息、高级账号等内容，还能通过数据看板及时掌握读者对作品的反馈，并根据反馈优化作品的内容。创作者服务中心的功能就好比是给在大海上航行的创作者提供了一架高清望远镜。

2020年，第二届抖音创作者大会上，抖音宣布全面升级创作者扶持计划和服务平台，扶持100万个创作者，投入100亿流量，帮助创作者在抖音实现收入超过800亿元。

同样发力的还有快手，在2022年的光合创作者大会上，快手也宣布拿出10亿元现金和价值千亿的流量扶持各个领域的创作者。

对创作者而言，在平台上发布的内容既是创作，也是创业。有了平台的扶持，个人经济体创业成功的机会更大。比如"老爸评测"账号的运营者魏文锋，长期从事检测类工作，某次偶然的机会收获了一些粉丝，他决定专心做检测类的视频创业。前半年由于没找到合适的方法，烧光了100万元创业经费，后来魏文锋在抖音尝试性地发布了一条15秒的洗面奶评测视频，很快便收获了百万播放量，粉丝瞬间涨到了30万。如今，"老爸评测"的账号已经开始多方面地商业变现。

内容平台的跑马圈地阶段已经基本结束，接下来是一场回归内容本身的长期竞争，内容平台的竞争核心又回到了对创作者服务的比拼上，因此，对内容创作者的大力扶持将是一个长期话题。

以延迟满足感来增强社群黏性

很多人人生中一半的问题都是这个原因造成的——没有延迟满足感。

——张一鸣

艾瑞咨询在《2018年中国传统新闻媒体与新媒体的融合与创新研究报告》中指出，用户黏性的核心要素是内容，驱动力则是技术。社交平台就是向公众传送内容的管道，为了留住用户，提供什么样的内容、如何发布内容成为社交属性平台的重点所在。

各大平台通过大力扶持创作者等一系列方法保障了内容。可是，又有一个全新的问题浮出水面：如何利用好这些内容，真正达到留住用户、增强用户黏性的目的？

张一鸣曾经说过这样一句话：“很多人人生中一半的问题都是这个原因造成的——没有延迟满足感。”

抖音打出了“延迟满足感”这张牌来解决问题。总的来说，抖音在“延迟满足感”方面有两大法宝可供大家参考学习。

第一大法宝：通过设计设局人性。抖音的设计堪称最懂人性的设计。我想很多人都有过这样的经历：打开抖音刷着刷着，就忘记了时间的存在。真的是“抖音三分钟，人间两小时”。

有人曾经分析过，抖音的界面设计类似赌场的全封闭设计，没有闹钟，永远金碧辉煌，在这种环境里人们很难察觉到现实世界中时间的飞逝。

我们都知道，抖音的主页以黑色基调为主，黑色占据整个屏幕，营造出一种沉浸式的体验环境，再通过声光电的调动，牢牢吸引你的注意力。如果你想切换视频，简单地动动手指，轻轻向上一滑，马上出现新的视频，几乎没有任何延迟。如此循环往复，直到你精疲力竭不得不退出。其实，这种简单的“触发—行动—获得—投入下一次的触发”行为，触发的是一种能够使人轻易上瘾的行为模式，让你欲罢不能，并产生依赖。

第二大法宝：在偏好和未知之间做内容搭配。与其他App瀑布流的形式不同，抖音的用户是不能预知下一个出现在屏幕上的内容的，也就是无法预知的内容。恰恰是这种不确定感，能够使人产生巨大的好奇。你永远不知道下一个跳出手机屏幕的是什么内容。再配合抖音简单的上滑切换模式，用户很难放下手机走出“滑出下一个视频”的怪圈。因为，在不断滑动的过程中，你总有一种“下一个视频是不是更好看”的探求欲。

当然，抖音的“无法预知的内容”设置，并不是无本之木，而是建立在“读懂用户的心”的偏好基础上的。

那么，在巨大的流量池中，抖音究竟是如何为用户匹配到感兴趣的内容的呢？

曾经在很长一段时间里，张一鸣都在思考，他想象着有一家公司，专门生产每个人最感兴趣的信息，甚至给人带来一种“驯化机器”的超现实感受。这就是后来抖音强大算法的起源——根据用户偏好进行个性化的推荐。

抖音对用户的信息匹配依据主要有用户画像、内容分类、是否感兴趣三大要素。这种用户偏好算法实际上就是用户对抖音内容的满意度函数，通过用户关注、点赞、评论、转发等各种行为，判断用户对哪一类视频内容感兴趣，进而推荐相似的视频。因此，当你上滑切换时，你进入的视频大概率是你喜欢的类型。

抖音的用户偏好算法，对平台来说，可以结合用户的一系列反馈来改进平台的功能，优化用户体验，进而吸引和留住更多用户，形成良性循环；对平台上的用户来说，它成功地解决了“没内容可看”“内容没意思”的问题，避免用户审美疲劳；对平台上的个人经济体而言，它可以为内容创作者快速匹配到精准的用户，使二者之间形成良好的沟通循环，形成抖音平台的黏性机制。

张一鸣曾说，探索和收敛是一个平衡，探索性太强的内容精准性差，收敛太多又觉得信息太窄。就好比太确定的东西让人没有期待，完全未知的东西又充满了不安全和效果的不可控性。因此，抖音在“最懂你”的大盘里，打造“无法预知”的内容序列，通过简单的获取行为，更能激起用户的探究欲望，从而留住用户，增加用户黏性。这种“偏好+未知”的度拿捏得刚刚好。

此外，在内容方面，洗脑神曲的出现也是抖音留住用户的一大特色。近年来，抖音上出现过很多火遍大江南北的“神曲”，一些老歌曲甚至借机翻红。这些洗脑神曲像长了触手一般，牢牢攀附在用户的记忆里，甚至会让用户之间出现互动、造梗等精神上的同频共振。

优秀的平台能够让不同的受众都找到适合自己的内容和存在方式，这是平台存活、壮大的基础。

强社交+弱社交的爆发力

不管是强社交还是弱社交，归根结底，最终的目的是抢夺用户的时间。抖音的开放式关系能够同时容纳强社交和弱社交模式，二者互为补充，不断扩大用户触达的群体。

很多社交平台都有自己的社交属性，有的属于强社交，比如微信；有的属于弱社交，比如微博。而抖音属于强社交+弱社交的结合。

抖音在推出初期获得第一批流量后，紧接着就开启了利用信任关系吸引下一批流量的运营模式。拉新在平台发展初期是运营商面临的最大难题，拉新的方式有很多，其中成本最低、效果最好的是“以老带新”，这就是熟人社交，属于强社交。

提到熟人社交，不得不提拼多多的推广策略。拼多多成功的法门就是病毒式的熟人社交裂变，让用户在分享的过程中获得收益，“拼团、砍价”背后依赖的就是熟人的信任。

因此，大部分平台都鼓励用户同步通讯录，一旦用户同步了通讯录，用户在社交平台上发布的任何信息都会被系统推送给好友，进一步实现通讯录裂变。

根据相关机构推算，如果一个抖音用户的通讯录中有500个好友，那么一次裂变就能达到25万人，二次裂变就会超过1.2亿人，裂变的速度呈指数级增长。

利用熟人社交，抖音完成了初步的用户积累。在接下来的发展中，抖音这种“算法+短视频+开放式关系”的产品弱社交爆发力慢慢地显露了出来。这一度令腾讯感到焦虑。

2018年5月8日，张一鸣在微信上发布了一条朋友圈信息，庆贺抖音海外版TikTok在苹果商店2018年第一季度全球下载第一。在评论区，张一鸣毫不客气地写道：微信的借口封杀、微视的抄袭搬运挡不住抖音的步伐。马化腾随即回应：可以理解为诽谤。双方你一句我一句地开始了激烈的互怼。

张一鸣提及的封杀事件，发生在当年的三四月。2018年3月24日晚上，很多网友反映自己分享到朋友圈的抖音链接被屏蔽了。其实，这两家公司的“扯皮”由来已久，且一直在持续中。

从双方的“扯皮”中，可以看出腾讯系对抖音的忌惮。腾讯旗下的微信主打熟人关系的强社交，截至2022年6月30日微信及WeChat月活跃用户达12.99亿，而抖音和TikTok的月活量达到了16亿。不得不说，抖音在发展壮大后的弱社交策略展现出了强大的爆发力。

不管是强社交还是弱社交，归根结底，最终的目的是抢夺用户的时间。微信基于熟人关系的强社交，通过“分享+订阅”的方式，在熟人之间做信息传播；而抖音通过“推荐算法+分享”的方式在包括熟人、陌生人在内的所有人之间做信息传播。再加上微信不会主动推荐信息给用户，用户想要获取喜欢的内容，只能通过公众号和朋友圈去获得；上文提到的抖音“延迟满足感”的打法，将选过的内容“喂到”用户嘴边，因此平台活力远胜微信。

抖音的开放式关系能够同时容纳强社交和弱社交模式，二者互为补充，不断扩大用户触达的群体。当抖音的体量增大到一定程度，超级平台更容易孵化出超级个体，同时也更容易在其他领域扩张，充满更多的机会和可能性。这是其他互联网巨头所忌惮的。但显而易见，这对在抖音平台上创业的个人经济体来说是巨大的利好。

超强的商业变现能力

对平台和个人经济体这一对共生型的伙伴来说，能帮助合作伙伴赚钱才是长期发展的关键。

电影《教父2》中有一个经典片段，强尼代替身体不好的罗斯来找二代教父迈克尔谈合作。强尼对迈克尔说了一句有意思的话：海门·罗斯永远为他的搭档赚钱，他昔日的老友一个个都走了，只剩下罗斯自己。

这句话的意思是，和海门·罗斯同辈的人都出局了，但罗斯还在，因为他永远都在帮自己的合作伙伴赚钱。

同理，对平台和个人经济体这一对共生型的伙伴来说，能帮助合作伙伴赚钱是长期发展的关键。对平台而言，能让创作者真金白银地赚到钱，是保持可持续发展的核心；对创作者来说，能赚到钱的地方才是真正的好平台。

因此，商业变现能力可以被视作平台的第二生命力。抖音、微信、微博、小红书、快手等平台在商业变现方面都实施了一系列的计划和行动方案。

以抖音为例，早在今日头条时期，张一鸣就显露出涉足电商的野心，可惜没能在几大电商巨头的围堵中杀出一条血路。随着抖音的火爆，张一鸣的电商梦得以延续。在决策上，抖音向第三方开放了电商导购，并推出了电商小程序。抖音对于进军电商领域策略的改变，是抖音发力变现的一个信号。

总体来说，目前抖音上的变现方式可以分为五大类。

第一大类：星图广告变现。拥有一定粉丝量的抖音博主，可以通过星图平台接到广告商的广告合作订单实现变现。

第二大类：商品橱窗变现。博主拍视频上橱窗卖货变现，如果博主有自己的货源和电商店铺（比如淘宝、京东），也可以直接开通抖店卖货变现，抖音通过橱窗权限下沉，开启了全民带货模式。2019年上半年，我国的短视频电商整体转化率达到了40%。全民带货模式的开启，为很多抖音用户提供了商机。

第三大类：直播变现。主要包括直播打赏和直播带货，也是目前最火爆的个人经济体变现形式。

第四大类：线下实体变现。随着抖音发力本地生活领域，标记网红城市、打卡网红门店等，这一变现方式也越来越多，最终目的是通过从线上引流到线下实体店铺去消费而获得佣金收益。

第五大类：站外引流变现。将抖音的公域流量引至自己的私域流量池来变现。

不管哪一类变现方式，最终目的是帮助平台上不同业务模式、不同领域的个人经济体更好地变现。数据显示，截至2020年，包括抖音火山版在内，抖音的日活跃用户已经超过了6亿，累计带动3617万人就业增收，110位市长、县长走进直播间，2200万名创作者在抖音获得417亿元以上的收入。这些获益者包含返乡创业青年、大学毕业生、退伍军人、农民等各类群体。

为了更好地帮助合作伙伴赚钱，系统提升商业价值能力，2022年抖音举办了开放平台开发者大会，目的是更好地连接经营者与用户。抖音平台开放能力大致分为四类：基础框架能力、公域流量挂载能力、经营转化能力和用户触达能力。未来，抖音可以更全面地为经营者提供从抖音内获客、交易转化、用户留存到复访促活的内容营销场景和玩法，其商业变现能力将进一步提升。

良性的社区文化打造

不管是什么产品，如果没有形成一定意义上的产品文化，崛起就无从谈起。

在张一鸣眼里，互联网技术并不是垄断或绝密的，团队和文化才能保证持续的创新和优秀的自省。字节跳动是一家尤其注重文化打造的公司，而这一特征也延续到每款产品的运营层面，在抖音平台，良性的社区文化打造渗透到产品的各个方面。

在互联网江湖流传着这么一句话：不管是什么产品，如果没有形成一定意义上的产品文化，崛起就无从谈起。

如何打造良好的社区文化？我们在研究中发现，抖音在社区文化打造方面取得了非常不错的成绩。那么抖音到底是怎么做的呢？笔者认为，可以从引导和监管两个方面进行深入讨论。

为打造良好社区文化而做引导。随着互联网技术的发展，人们开始在网络上形成一个个标签化的社区，特别是在拥有强互动性和社交性的平台，人们根据喜好、个性组成了一个个在线社群，甚至已经形成了独有的社区文化。

社区的本质是一群人以内容为载体做互动交流。抖音推出了一系列的接头暗号、社群口号、文化标志等内容，让用户自己为自己分类；在社区身份认同方面，抖音用户通过头像、名称等标志特征建立了一个又一个社团。

对个人经济体而言，平台上的社区文化标签，可以让创作者/经营者快速、精准地找到匹配的目标群体。对平台而言，这些社区文化可以增加用户之间的黏性，从而留住用户。

此外，抖音通过用户偏好的算法，将相同价值观的人聚合起来。抖音的算法在一定程度上可以让相同兴趣、爱好的人群聚拢，增加这些用户相遇的机会。在抖音平台，一旦某条短视频的内容让用户产生了情感共鸣、引发争议、感染情绪，就会刺激用户的表达欲望，用户们通过抖机灵、爆梗等方式表达观点，在得到他人的反馈后，这种交流互动的意愿进一步被激发，最终形成具有一定规模的集体化互动，并逐渐演变成一种良好的社区氛围。

张一鸣很重视群体的力量，他曾表示：当群体凝成一股力量的时候，他们能有效地制订解决方案，准确地预测未来。因此，在管理文化方面，张一鸣着重强调"集体智慧"这一点。

而这一点和互联网一代的想法不谋而合。《零边际成本社会》一书中指出，特别是"千禧一代"，他们非常不信任政府、商界和各领域专家，他们更加信任互联网上的伙伴，更愿意信任意见、评论、大众排行榜以及群体的智慧。

在PC互联网时代，有一句评论梗：自古评论出人才，句句胜过李太白。在移动互联网时代，如果没有社区文化、没有用户的神评论，很多平台就会黯然失色，甚至索然无味。良好的社区文化，可以让不同的群体在平台上找到各自的认同感、归属感和荣誉感。

同理，用算法对不同价值观的人做了有效区隔，可以大大减少人与人之间的摩擦，有利于营造良好的社区文化氛围。

抖音的审核机制，为营造良好的社区文化，构建了一道"健康"的防火墙。为了维护良好的社区氛围，抖音在短视频评论区推出了诸多审查机制、拦截机制等，用于审核内容，处理某些不当言论。当然，如何平衡安全打击力度和用户评论积极性之间的关系，在两者之间寻找到一个合适的度，平台一直在积极探索中。

第二节

个人经济体选平台的三大法则

在新的商业模式中，平台成了个人经济体发展的核心生产要素。10年前，雷军说过这样一句话："站在风口上，猪都可以飞起来。"对个人经济体来说，"选对赛道，选好平台"是站在风口的重要一部分。

如今是英雄辈出的时代，更是集合智慧的时代。如果你想成大事，在一个集合智慧的平台上，放大个体价值将是必然选择。平台的类型非常多，每个平台拥有不同的切入点、文化和商业模式，个人经济体如何选择创业平台呢?

我们根据一系列成功的案例，总结出个人经济体选择平台的三大法则，这三大法则相互支持、缺一不可。

法则一：成长性和开放性

成长性决定了一个平台是否有机会存活下来，而开放性决定了平台的发展空间。平台的成长性和开放性是相辅相成的关系，平台越是开放，吸引的创作者越多，其成长性也就越强。

当前，平台已经成为互联网及“互联网+”新业态发展的核心商业模式。对个人经济体而言，什么样的平台是好的平台？一方面要看平台的成长性，另一方面要看平台的开放性。

成长性是个人经济体选平台的第一要素。成长性决定了一个平台是否有机会存活下来，一方面体现在自身的成长空间上，另一方面体现在竞争中是否能够胜出。

2010—2020年，国内的互联网平台之间曾发生过无数次大战，比如社交大战、支付大战、在线生活大战、电商大战、视频大战、共享经济大战、出行大战等，每次的平台大战都是一次行业大洗牌，剿灭对手，抢夺发展资源。比如，2010年开始的在线生活大战，当时美团、大众点评、拉手网、窝窝团、24券、糯米网等纷纷入局，史称“千团大战”。最终，美团杀出重围、一统江湖，这种格局一直延续至今。

因此，个人经济体在选择平台时要多加谨慎。设想一下，如果你在某个平台辛辛苦苦投入，好不容易有了一点起色，结果平台陷入围剿战且处于不利地位，阎王打架，小鬼遭殃，巨头厮杀，最终受伤害最大的永远是依附平台讨生活的个体。

此外，平台本身不是一个创作者，而是通过强大的连接能力，让平台上千千万万的用户成为创作者，因此，作为平台，其最强的地方就是不可估算的成长性。一个成功的平台，其爆发式增长是非常可怕的。

随着技术的发展，世界变得更加充满未知，你甚至不知道下一个竞争对手是谁。因此，平台战略的关键不再是获得比较优势，而是获得生长空间，核心是找到共生伙伴，创新需求，创造价值。因此，个人经济体在选择平台时，应该选那些将共生逻辑作为战略底层逻辑的平台。而平台的共生逻辑具体体现在“生态开放”方面。

数字化时代，“聚合”“连接”都是关键词，“生态化”更是无数企业的运营目标。2019年，腾讯总裁刘炽平曾表示：“从2010年开始，腾讯实施开放战略，用‘去中心化’的方式逐渐形成了从‘大树’到

‘森林’的开放生态。”同样，阿里巴巴的CEO张勇也说过类似的话：“对阿里巴巴来讲，最关键的是怎样利用生态的力量不断去学习。”

2022年9月6日，抖音开放平台开发者大会举办，希望以一种清晰、公开、可信赖的方式，给不同行业的合作伙伴制定规范，让合作伙伴“有序”地找到自身定位，并获得相应的经营能力，最大限度地满足行业的个性化需求，同时确保用户体验和生态安全。平台希望打造一个兼顾用户体验、商家经营和平台生态的开放环境，从而开启开放生态的“正循环”。

抖音的平台开放对于个人经济体而言，意味着能以低成本的方式承接用户需求，通过“获客—留存—转化—复访—促活”的全流程精耕细作，获得实实在在的增量。

此外，在国家层面，平台的开放性还体现在国际化发展能力上，围绕跨境电商形成交易、支付、物流、仓储、通关、结汇等产业链和生态圈。这对于个人经济体而言将是更大的市场机会。

平台的成长性和开放性是相辅相成的关系。平台越是开放，吸引的创作者就越多，其成长性也就越强。

2021年10月，国家市场监管总局发布的《互联网平台分类分级指南（征求意见稿）》和《互联网平台落实主体责任指南（征求意见稿）》，对互联网平台提出三个层次的连接：第一个层次是链接开放；第二个层次是数据开放；第三个层次是生态开放。从某种意义上来说，未来，生态开放就是链接、数据以及流量等具体要素开放的整体呈现。

有业内人士认为，未来生态开放应该是理念、文化和发展模式的全方位开放，这不仅对个人经济体的发展有重要意义，而且对未来中国互联网往何处去有着重要意义。

法则二：商业共生

对于平台和个体双方而言，商业共生才是利益最大化的最好方案。如何做到更好地商业共生，这其中就涉及一个绕不开的话题：如何挣钱，如何分钱。

近两年，李子柒和微念公司之间的纠纷很是热闹。很多业内人士将其归结为平台和个体的扯皮。近年来，类似的扯皮层出不穷，尤其是随着直播平台数量的增多和竞争的升级，原本属于相互依存的利益共同体关系的平台和网红主播之间的利益矛盾愈演愈烈。

平台作为一种多方交易系统，具有强大的系统锁定能力，无论是商家（主播）还是消费者（用户），一旦离开某个熟悉的平台，其粉丝流量、信用和评价就会消失，要在新的平台上构筑新的业务，面临从头开始的困难。

对于平台而言，频繁的个体变现可以给平台带来高额的收益。比如在抖音平台上，无论用户是什么样的身份，供货、带货、消费这三种角色都将在抖音这家“百货公司”进行交易，而在交易过程中，抖音平台可以通过对这些产品抽取相应的服务费完成流量变现。繁荣的电商市场、活跃的电商用户、频繁的线上交易，都将给抖音带来高额的收益。

因此，对于平台和个体双方而言，商业共生才是利益最大化的最好方案。无论是像微念这样的小平台，还是像抖音、快手这样的大平台，如何与个体更好地商业共生是一个重要的课题。

如何做到更好地商业共生，这就涉及一个绕不开的话题：如何挣钱，如何分钱。

平台如何更加有效地帮助个体挣钱？这也是个人经济体选择平台时需要重点考虑的问题。我们主要从以下两个方面讨论：

一是平台变现形式多种多样，兼顾不同个体，总有一款适合。平台需要有清晰的商业变现规划，搭建多样性的变现通路。比如微信公众号，有广告分成、互选广告、文中广告、付费课程、粉丝赞赏、付费社群和圈子、内容电商等多种变现方式，个人经济体可以根据自己的运营特点和资源选择相对应的变现方式，实现经济效益最大化。

进一步来讲，专业度比较高的公众号可以选择付费内容和课程；流量比较大的公众号接广告业务则是最优选择；擅长种草的账号，以及在看文章、视频的过程中能让人产生购买欲望的作品，适合做内容电商……总有一款变现方式适合你。

二是平台应该为个体的变现搭建桥梁，建立信任纽带。传统的自由贸易市场是一个众多买方和众多卖方进行多边交易的场所。而互联网的虚拟经营方式让无数的买家和无数的卖家可以在平台上实时相见，并且留下数据化交易痕迹，由此可以评估买卖双方的信用，甚至可以让付款在第三方支付和中间平台的担保下顺畅运行，比如淘宝的支付宝、抖音的星图、微博的微任务、快手的快接单等。这些中间平台规范了业务对接流程，为各自提供了保障，能够保障交易流程的高效和安全，尤其是中间平台的存在维护了创作者受益的平等性和稳定性，构建了一个健康可持续的平台营销内容生态体系。

平台和个体如何分钱？笔者发现，身边会赚钱的人，很早就学会了一个思维，就是分钱。每个平台都有不同的分成制度，但总体的原则应该是平台和个体都有利可图。假如平台依仗自己掌握了大部分流量，要吃掉大部分利润，那么一方面平台上的用户会纷纷“逃离”，另一方面一个行业一旦暴利，一定会有竞争者进入，只有把这个行业的利润保持在合理的区间，这个行业才会趋于稳定。因此，平台要做大，关键也在于这两个字：分钱。平台赚钱的同时，个体也能赚到钱，自然就会有越来越多的人加入进来。利益共享才是长久之计。

法则三：风险管理能力

对于平台型企业而言，平台能减少的风险越多，买卖的商品或服务的数量和价值就越大。人们并不要求平台型企业能够预测各种风险，随着市场的发展，平台型企业必须能在出现新型风险时识别风险并采取应对措施。

中欧国际工商学院管理学教授杰弗里·桑普勒（Jeffrey L. Sampler）认为，成功的平台型企业应该明白，提供中介服务并不是一切，它还应该成为风险管理者。

2011年，美国旧金山一位自称EJ的女士，在博客上发帖称，她通过爱彼迎出租了自己的公寓，但回到家时却发现珠宝和电子设备等被洗劫一空。她打电话联系爱彼迎，可对方在14个小时之后才给了她一个让她无比失望的回复：爱彼迎的一位高管要求EJ女士删掉帖子，因为这个帖子会损害爱彼迎的声誉。几天之内，各大媒体纷纷转载EJ的帖子。很快，爱彼迎的CEO公开道歉，并宣布未来将为爱彼迎上的房东提供5万美元的财产保险等一系列保护措施。

从爱彼迎的案例，我们可以得出一个结论：平台型企业既是中介，也应该是风险管理者。

对平台卖家而言，风险意味着未来收入或赚取这些收入所需的资源存在不确定性；对平台买家而言，风险意味着产品或服务的质量，抑或产品的交付存在不确定性。这个时候，平台的补位尤为重要。因此，可以说，平台型企业能否成功，取决于平台能不能为买卖双方识别并降低风险。

平台经济又称“共享经济”，共享的内容可以是实物，也可以是信息。无论共享的是什么，平台经济的商业模式都是通过帮助他人提供商品或服务，使边际成本下降。

杰弗里·桑普勒认为，对平台型企业而言，平台能减少的风险越多，买卖的商品或服务的数量和价值就越大。只有交易风险的分担方式能让交易各方感到安全和公平时，共享经济的可持续增长才可能实现。

随着直播业务的兴起，抖音成为直播电商的最大赢家。抖音并没有在一片大好的形势中迷失，2022年4月发布了号称史上最严的《2022年抖音直播机构管理条例》。这份条例对直播机构的经营行为提出了明确要求，并划定了严禁侵害未成年人权益、严禁色情低俗、严禁诱导消费等8条红线。并且首次推出直播机构“健康分”制度：满分100分，严重违规将扣除50分并直接清退。

其实，2022年以来，抖音直播推出针对诱导未成年人打赏、不良直播PK、诈骗犯罪黑色产业链等一系列整治行动。2022年3月，打击黑产专项行动处罚了违规主播5771人，而针对频发的网络暴力现象，抖音为用户提供发文警示、一键防护等8项防网暴功能，日均主动发出25万次风险提示。

抖音直播有关负责人在接受媒体采访时表示，将坚定不移地打击各类违法违规行为、账号及内容，希望与行业一起，共同抵制违法违规直播行为，推动直播行业健康发展。

张一鸣曾说过，科技让移动互联网的渗透率提高，平台型企业的影响越来越大。平台型企业，特别是科技平台型企业，大到一定的程度，成为社会公共基础设施。这时，平台要承担的不仅是商业公司的法律责任，还有更高的社会责任，“作为内容平台，我们还要承担平台治理的责任，对平台的生态负责”。

人们并不要求平台型企业能够预测各种风险，随着市场的发展，平台型企业必须能在出现新型风险时识别风险并采取应对措施。

除此以外，杰弗里·桑普勒认为，平台在为买卖双方牵线搭桥的同时，还必须充当确定交易规则的监管者和解决争议的仲裁员。

当前，我国平台经济正处于转型发展的关键时期，必须坚持规范和发展并重，完善治理规则和制度，优化公平有序的发展环境，推动平台经济持续健康发展。

第八章

个人经济体的社会价值

第一节

个人经济体的七大社会价值

这些如毛细血管般存在的个人经济体往往是最容易被忽视的群体，他们普遍是沉默的大多数，对社会的贡献毫不逊色于那些“大人物”，却无法享受到同样的鲜花和掌声。

看了本书诸多优秀的案例后，很多人可能会问：个人经济体是不是就是指罗振宇、罗永浩、吴晓波、李佳琦、小杨哥那些做到一定规模、有一定影响力、已经出人头地的大咖？

答案是否定的。

除了这些超级个人经济体外，我们身边还存在着成千上万小而美的个人经济体，他们才是这个群体的主要组成部分。这些小而美的个人经济体，从人类出现商贸活动开始存在，经历漫长的历史长河，在全民经商的改革开放初期苏醒，在互联网时代进化，并迸发出前所未有的能量。

2019年的统计数据显示：中国“零工经济”对GDP总增量的贡献度达10.43%。近几年，这一比重还在逐年上升。这些如毛细血管般存在的个人经济体往往是最容易被忽视的群体。这些数量众多的个人经济体，普遍是沉默的大多数，互联网时代给了他们更广阔的天地和展示舞台，虽然他们无法享受到像企业家一样的鲜花和掌声，但他们对社会的贡献毫不逊色于那些“大人物”。

我们在对众多个人经济体案例进行研究后，以这些个人经济体本身为原点，向外拓展到和他们相关联的社群，乃至整个大社会，总结出了七大具有普遍意义的社会价值，分别为：他们是新型就业形态先行者；缓解了就业压力；用实际行动倡导了新型就业观念；他们的参与降低了社会成本；提高了运行效率；他们提供的服务成了社会肌体运行的润滑剂；他们身上迸发出的蓬勃向上的力量，汇集成洪流，成为影响时代的正能量！

随着个人经济体的社会影响力越来越大，他们的价值应该得到相应的肯定和表扬。

新型就业形态先行者

这些从大组织里“脱落”出来的个体，通过对新型职业形态的探索、转型再就业等多种形式，在有意无意中成为时代的先行者。

“未来，人工智能从你出生那天就认识你，读过你所有的电子邮件，听过你所有的电话录音，知道你最爱的电影……”以色列作家尤瓦尔·赫拉利在《未来简史》一书中描绘了这样一个场景，这也昭示着人工智能可能比你自己更了解你。

先不去想未来，眼下我们就不得不正视这样一个问题：机器、系统正在逐渐抢走人类的工作，而且这种状况有愈演愈烈的趋势。很多人在讨论：怎么做才能不被替代？

在前面的章节里，我们详细讨论过：和以往的农业革命、工业革命不同，数字文明并不是一轮简单的新技术应用，而是底层技术的革新。和底层革命相伴的是社会组织关系的重构，预测大师杰里米·里夫金认为，与此同时，一种改变我们生活方式的新型经济体制应运而生，它就是协同共享。

协同共享的精髓是平台+个体替代了以前的组织化大生产的公司。因此，作为个体要想不被机器替代，不被时代淘汰，完成自我转型尤为重要。在这场自我转型里，从传统的工作思维迈向新兴业态思维是重中之重。

重庆“棒棒”阿辉的故事就是一个很好的个体自我转型的案例。山城重庆沿山而建，四面八方都是山。这样的地形下，扛着一支竹棒加两根绳索在街头接活儿谋生的人，成了重庆搬运的重要力量，他们被叫作“棒棒”。

据《重庆市沙坪坝区交通志》记载，1983年，为了搞活经济，重庆开始允许农民进城搞运输，真正意义上的现代“山城棒棒军”由此出现。最盛时，重庆有数十万“棒棒”在山城穿梭，但随着互联网技术的应用，这些“棒棒”面临巨大的生存压力。

从开始做“棒棒”算起，阿辉已经入行近20年。然而，近年来，随着现代物流的迅速发展，“棒棒军”行业日趋消亡，阿辉再也无法靠“棒棒”业务养活家人。2014年，在同乡的介绍下，阿辉开启了他的骑手生涯。

“刚开始，我们几个比较年轻的抱着试一试的心态，用手机申请给平台送餐，后来其他棒棒兄弟看到送外卖也能赚钱，就纷纷加入进来，也有一些改行做了网约车司机。”

阿辉说，他们站里，像他这样由原来的“棒棒”转型做骑手的非常多。如今的阿辉，每天早上7点上工，打开手机熟练地接单，高峰期1个小时可以接20单，平均3分钟送一个单。

阿辉的率先试水转型，也带动了身边同职业的人转型，帮助“棒棒”群体开辟了新的职业方向。像阿辉这样的个人经济体就是新型就业形态先行者。除此之外，像共享护士、网络心理咨询师、职业宠护师等这些以前没有出现过的职业从业者，他们的出现丰富了人们的生活，也拓展了新型就业形态。毫无疑问，他们也是新兴职业的先行者。

党的十八届五中全会公报和2016年政府工作报告中都提到“加强对灵活就业、新就业形态的支持”，提出“新就业形态”的概念。

理论上，“新就业形态”可以从生产力和生产关系两个角度加以理解。从生产力的角度理解，“新就业形态”描述了新一轮工业革命带动的生产资料智能化、数字化、信息化条件下，通过劳动者与生产资料互动，实现虚拟与实体生产体系灵活协作的工作模式。而从生产关系角度理解，新就业形态是指伴随着互联网技术进步与大众消费升级出现的去雇主化、平台化的就业模式。

由此可见，“新就业形态”背后折射出，过去找组织、找集体、找单位的组织化大生产形成了固有就业思维，但是随着共享经济的发展，这种组织化大生产模式正在快速衰退，个人经济体不断涌现，并成为一种新的就业趋势。这些从大组织里“脱落”出来的个体，通过对新型职业形态的探索、转型再就业等多种形式，在有意无意中成为时代的先行者。

这些先行者的贡献也逐渐得到社会的认可。2021年，宋增光被授予“全国五一劳动奖章”，这是我国首位获此殊荣的外卖骑手。过去七年，宋增光从骑手到站长，从站长到培训专员，共培养了四五百名新骑手，这枚奖章既是对他辛勤工作的肯定，也是对他作为新型就业形态先行者发挥“引路人”价值的肯定。

新型就业形态已经成为全球劳动力市场的新趋势。数据显示，2021年，我国灵活就业人员已达2亿人左右，新增新就业形态劳动者工会会员350万人。如今，新型就业形态开始被越来越多的人接受，这离不开像阿辉、宋增光这样用实际行动“带路”的人。

缓解就业压力

以个人经济体为代表的新就业形态，由于工作时间自由、自主性较强、市场需求大等特点，吸纳了大量就业人口，成为缓解就业压力、有效配置劳动资源的重要途径之一。

早在2020年，国际劳工组织就发出警告："新冠病毒对就业的影响极大且无与伦比。"还将疫情对经济的影响与第二次世界大战相提并论，"这是自第二次世界大战以来最严重的危机，全球失业人数正在迅速增加"。

同一时期，美国经济学家肯尼思·罗戈夫认为："按年率计算，美国短期内失业率可能上升到13%～14%，存在很大的不确定性。"

显然，全球经济步入下行，全面萎缩已经成为一个不争的事实。

疫情已经持续了将近三年，随之而来的是经济衰退，失业潮涌现。实际上，这不只是美国需要面临的挑战，也是全球所有经济体都需要面临的挑战。

中国作为全球人口最多的国家、全球第二大经济体，面临的就业压力可想而知。近年来，受新冠肺炎疫情影响，"保就业"成了政府工作的重心之一。2022年，我国应届毕业生达1076万名，创下历史新高，将进一步加剧政府"保就业"的压力。

这时，依托数字经济的个人经济体就成了吸纳就业的庞大"蓄水池"。

陈伟原来是一名外贸订单加工厂的员工，新冠肺炎疫情暴发后，他所在的工厂破产，肩负着养家重担的陈伟在网约车平台注册了账号，成了一名网约车司机。有相同经历的还有大学应届毕业生王乐，后来她通过支付宝平台成了一名二次元声音主播，解决了就业问题。一直喜欢小动物的何雯在原单位效益不好的情况下，兼职做起了职业宠护师，通过平台接单，负责宠物上门喂养、宠物接送、代遛狗等服务……如今，像陈伟、王乐这样依靠平台、自己给自己发offer的个人经济体案例越来越多，像何雯一样通过兼职创收的个体也越来越多。

数据显示，截至2021年底，中国灵活就业人员已经达到2亿人，其中网络主播及相关从业人员达160多万，比上一年增加了将近三倍。截至2021年，我国已有超过770万名配送员，各地共发放网约车驾驶员证349.3万本，这意味着数以百万计的配送员、网约车司机通过平台找到了新工作。

除了给自己发offer以外，个人经济体还可以带动大量的相关就业。以微商行业为例，到2020年底，我国微商从业者达1.3亿人，加上围绕微商运营的上下游供应链，以1个人带动3个人就业计算，带动的就业人口高达3.9亿人。

除了数量上能吸纳大量就业外，个人经济体中一些岗位准入门槛相对较低，为许多低端劳动力创造了大量就业机会。比如，2021年，约527万名骑手在美团平台获得收入，其中约59%的骑手实现本省就业，约24.6万名骑手来自国家乡村振兴重点帮扶县。

由此可见，以个人经济体为代表的新就业形态，由于工作时间自由、自主性较强、市场需求大等特点，吸纳了大量就业人口，成为缓解就业压力、有效配置劳动资源的重要途径之一。可以说，个人经济体成了国家舒缓就业压力的一剂良方。

2020年，国家发展改革委联合13个部门公布《关于支持新业态新模式健康发展激活消费市场带动扩大就业的意见》，首次提出“新个体经济”的概念。

近年来，从中央到地方都在呼吁大力发展共享经济、数字贸易、零工经济，支持新零售、在线消费、无接触配送、互联网医疗、线上教育、一站式出行、共享员工、远程办公、“宅经济”等新业态，并出台了一系列措施，为这些个体劳动者权益保障护航。

倡导新型就业观念

新观念所蕴藏的力量是巨大的，观念的改变是进步的阶梯，推动就业观念改变给社会带来的价值比个人创造的财富更加重要。

苏格兰作家、历史学家托马斯·卡莱尔有一句流传很广的名言：大多数人是保守的，不轻易相信新事物，但能容忍对现实中的众多失败。

敢于相信新事物、勇于接纳新理念本身就是一种难得的天赋。很多成功的个人经济体，往往都有着强烈的好奇心，乐于接受新事物，敢于吃螃蟹，勇于率先而动，敢于抓住风口。这种敢想敢干的精神造就了很多财富神话，同时也拓宽了思想边界。

巴尔扎克有句名言：一个能思想的人，才真正是一个力量无边的人。很多个人经济体在通过不同途径探索自身价值的同时，倡导了新型就业观念，推动就业观念的改变，这给社会带来的价值比个人创造的财富更加重要。新观念所蕴藏的力量是巨大的。

任莉莉从小就有一个时装梦，由于整个家族基本上是公务员，她想学时装设计是不可能的，她的大学专业是财务会计。

2012年，进入大学的任莉莉离家几千公里，她感觉整个人都浸泡在自由的气息里，大三那年，偷偷谋划了两年的时装小店终于在学校附近的一处小门店里开张了。任莉莉站在店前迎客，笑得见牙不见眼。快乐的时光总是短暂的，临近毕业，同学们去参加各种招聘会，任莉莉割舍不下小店，每天沉浸在怎么选货、怎么招揽生意中。

拿到毕业证后，任莉莉顶住家人的压力，一边在当地找了个公司上班，一边开她的小店。几个月后，她又偷摸着辞职，全心全意以小店为中心做自己的事。随着移动互联网的兴起，任莉莉把时装生意搬到了网上，一边是买手模式的网上销售，一边是私域模式的走量批发，做得风生水起。几年后，她雇了专职员工，组建了自己的小团队，甚至开始规划筹建订制工厂。

虽然生意上风生水起，但任莉莉的工作始终不被体制内的父母认可，家里的长辈一致认为：女孩子回家考个公务员，才算踏踏实实过日子。“没有工作”“瞎忙”“北漂”是父母对任莉莉工作的评价。“每逢过年都挨骂”“父母催完舅舅催”成了任莉莉每年春节家庭聚会的“例盘菜”。

任莉莉始终咬牙强撑着不回家，给自己的梦想争取空间上的距离。任莉莉30岁那年，一场家庭巨变，彻底改变了长辈对她的工作的看法。那年，任莉莉的舅舅和姥爷相继重病入院，家里的长辈手忙脚乱，晚辈眼巴巴看着一点忙也帮不上，平时看似齐整的家一下子成了一盘散沙。

任莉莉连夜买机票赶回家，从治疗方案、治疗费用、治疗安排，到姥姥、舅妈、妈妈的情绪安抚，均一一安排妥当。在料理家庭事务的同时，她的工作一点儿也没落下，哪怕是在病房里陪姥爷也能把工作处理好。

在体制内一辈子的父母、舅母看傻了眼，这个一直不被众人认可的"叛逆女"展现出的能力和处事方式，让大家不得不服气。

处理完姥姥家的事以后，一家三口第一次心平气和地坐在一起，聊起了任莉莉的工作。以前觉得"这个女儿事业完蛋了"的父母，开始重新评估女儿的成长和事业，也彻底改变了对"自由职业者"的看法。

任母和邻居的聊天，不再是唉声叹气地吐槽"叛逆女"，而是满满的骄傲和自豪："年轻人有自己的事业，我们做父母的要鼓励和支持。"

观念的改变是进步的阶梯。很多人觉得，灵活就业意味着"没面子""只是无奈的选择"，甚至有"低人一等"的想法。建立正确的就业观应是每个人职业规划中必不可少的先决条件之一。

事实上，目前，灵活就业的社会认可度依然较低，各方面还没有充分认识到灵活就业的重要性，倡导新型就业观念在现阶段显得尤为重要。作为探索新职业的先行者，很多成功的个人经济体具有标杆作用。

除了兴趣驱动对新职业的探索外，迫于现实生存压力而对新职业的探索来得更为现实。如今，我国社会的财富远远没有达到高福利阶段，相当长的时间内，居民仍须靠工作赚钱来满足生活需要。随着产业结构的调整，就业形势变得愈加严峻，而互联网科技飞速发展，让传统的就业形式发生剧烈变化，因此人们的就业观念也应及时调整和适应。如果一味守旧，就业通路就会变得越来越狭窄、拥挤。

因此，全社会都应该积极推动破除“灵活就业就是打零工、没面子”的陈旧观念，同时，政府要真正重视并解决灵活就业中存在的各种问题，做好用工关系认定、社保衔接等工作，使灵活就业、新职业更有保障、更具尊严。

降低社会成本

物联网技术大幅提高了生产率，使很多商品或服务的边际成本趋近于零，善于利用工具的个人经济体实现了全面的社会成本降低：降低了运营成本、流通成本、信息成本等。

我们来回顾一下前文提到的罗振宇和《罗辑思维》的故事。

从传播效果上看，《罗辑思维》节目的影响力，完全不亚于中央电视台一档著名节目。可是从节目制作成本的角度分析，二者的差距非常大。

按照央视节目制作流程，在巨大的资本、人力投入之后，才能做出一档节目：各地的差转台，各个城市中心的转播塔，底层的上万名员工……而罗振宇的《罗辑思维》节目制作，赖以生存的底座资源均来自免费的社会化资源：优酷等互联网视频网站提供的带宽服务器、免费微信平台……

可以说，罗振宇凭一己之力，干出央视需要庞大团队才能干出的事情。因此，二者的成本优势在比较中一目了然。

网络化生存的个人经济体，擅长整合共享资源，同时为其他经济体提供专门能力、专门服务。就好比罗振宇只需要发挥出个人能力，就可以轻易地利用一些共享资源和工具，将创作的内容送达更多的人。

个人经济体在降低成本方面，表现尤为突出的是知识付费领域。因为知识付费产品一旦制作完成，卖1份跟卖1000份的成本是一样的，越到后面边际成本越低，大大降低了生产成本。此外，借助互联网平台，其传播效应可以做到最大化，又大大降低了流通成本。

由此可见，善于利用工具的个人经济体，实现了全面的社会成本降低：降低了运营成本、流通成本、信息成本等。

社会运行的成本往往代表着社会经济发展的潜在高度。个人经济体为什么可以如此大幅度地降低社会成本呢？

其背后的关键就是互联网技术的应用，这也是个人经济体赖以发展壮大的关键。

“一个强大的新技术平台正突破第二次工业革命的范畴。”杰里米·里夫金认为，在物联网这个21世纪智能基础设施中，通信互联网将与逐渐成熟的能源互联网和物流互联网融合，造就第三次工业革命。物联网已经大幅提高了生产率，使很多商品或服务的边际成本趋近于零。

《零边际成本社会》一书表示，近乎免费的通信互联网为人类的即时协同提供了可能，沟通变得简单、快捷且低成本。物联网将这个集成世界网络中的所有人和物连接起来，物联网平台的传感器和软件将人力、设备、自然资源、生产线、物流网络、消费习惯、回收流以及经济和社会生活中的各个方面连接起来，不断为各个节点提供实时大数据。反过来，大数据也将接受先进的分析，转化为预测性算法，并编入自动化系统，进而提高热力效率，大幅提高生产率，并将整个经济体内生产和分销商品或服务的边际成本降至趋近于零。

如今，已经有越来越多的专家、学者认为零边际成本社会是人类社会发展的大势所趋。不断降低的边际成本经济将从根本上改变我们对整个社会经济过程的认知。有经济学家预言：业主、工人、销售商与消费者的旧有范式将被打破，个人用户将在边际成本趋于零的条件下越来越多地通过协作生产、消费和分享自己的商品与服务，这就带来了经济生活的全新组织方式，超越了传统的资本主义市场模式。

提高运行效率

个人经济体在提高运行效率方面最重要的体现就是擅长把分散的个体力量汇集起来，形成强大的洪流，成为社群的力量。而随着以互联网、物联网为代表的新技术的兴起，共享经济进一步发展，让个体的能力得到释放，并进一步解放生产力，个人经济体运行效率的优势得到凸显。

10年前的温州，在庞大而细腻的社会化分工体系下，创造了特殊时期的经济奇迹。那时，互联网不够发达，更谈不上工业互联网，但是温州大地上的供应链协同富有效率，管理成本和交易成本远低于其他地区的同行。

温州这样的机制是如何形成的？时间链理论创始人王甲佳在考

察之后得出这样一个结论：温州的产业经济在微观层面已经具体到一个自然人，一个具有企业属性的自然人，并将其称为小B属性的大C。

C是指以消费场景角色为主，B是指以生产场景角色为主，“小B属性的大C”的提法和互联网时代的个人经济体有异曲同工之妙。

在王甲佳看来，温州的经济奇迹就是由一个个“小B属性的大C”创造的，而提高运行效率、降低成本是温州跑赢全球同行、创下经济奇迹的关键。

在共享经济时代，提高运行效率不再是秘密武器，在互联网技术的加持下，个人经济体可以轻而易举地超越过往，大大提升运行效率。

比如，很多借助互联网平台的个人经济体，借助平台成为“新农人”，通过一台手机就可以将家乡的特产销往全国，大大提升了运行效率。这些个人经济体在解决自己生计问题的同时，也带着家乡父老就业增收。

抖音电商发布的《2022丰收节抖音电商助力乡村发展报告》显示，2021年9月至2022年9月，共有28.3亿单农特产通过抖音电商出村进城、卖向大江南北。该平台“三农”电商达人的数量同比增长252%，农货商家的数量同比增长152%，成为连接品质农特产和全国消费者的重要纽带。

实际上，大部分个人经济体都诞生于微经济之中，他们利用社交媒体、电商平台、直播平台为微创作、微应用、微产品创造带来诸多活力。这一个个微小而充满活力的经济细胞，是国民经济的重要组成部分。这些个人经济体在实现自我价值的同时，往往也在自己的圈层里发挥着盘活社会闲置资源、提升运行效率、带领大家共同致富的作用。

此外，个人经济体在提高运行效率方面最重要的体现就是擅长把分散的个体力量汇集起来，形成强大的洪流，成为社群的力量。

共享经济的年代，把认识的人和不认识的人组织起来，将零散的力量通过系统组织在一起，形成共同的文化、价值观和行动标准，可以大大提升运行效率，创造巨大的价值，甚至可以达到个人达不到的高度。这一点，从正在蓬勃发展的社群经济中可见一斑。

吴晓波曾在腾讯移动社群大会上表示："大家都说互联网是共享经济，但是我觉得互联网在共享的主题下面，其实还有一个非常重要的子目录叫作求援。"

在求援方面，曾经爆发了出人意料的效率。2021年，一份河南暴雨《待救援人员信息》文档，在创建24小时之内，自发更新至第270多版，共有250多万次访问量，在一天多的时间里，一位发高烧的女生、一位84岁的老人、一个被困一天没喝水的小宝宝、一位被困几小时待产的孕妇得到网友的自发救援……

“互联网上的求援，能够快速让社会资源经过一次重新配置，这是社群建立之前很难想象的事情。”吴晓波表示。

个人经济体运行效率提升的原因是什么？

第一、第二次工业革命发生后，虽然人类的经济活动范围在扩大、生产效率在提升，但是资本的力量仍占据着主导地位，完成某一项工作或创造大的财富仍需要在一个高度集权管理模式下运作的垂直整合型公司进行操作。这个时期，产生了很多巨无霸型的跨国大企业，垄断着某个领域的发展，而个人依然是依附于组织而存在的“螺丝钉”。

而随着以互联网、物联网为代表的新技术的兴起，共享经济进一步发展，让个体的能力得到释放，并进一步解放生产力，个人经济体运行效率的优势得到凸显。

英国管理学大师查尔斯·汉迪在21世纪初出版了他的经典著作《大象和跳蚤》，并预言“21世纪将是跳蚤的天下”……小小的“跳蚤”，有着大大的能量。

成为社会肌体运行的润滑剂

在我们身边存在着成千上万容易被忽视的小而美的个人经济体。这些如毛细血管般存在的个人经济体，在很多领域打通了你我他生活供应的“最后一公里”，让社会运转得更加顺畅，他们产生的社会价值是不可估量的。

著名社会学家涂尔干在《社会分工论》一书中表示：“分工越发展，它的灵活性和任意性就越大。”

我们试着换个角度理解涂尔干的话，社会越发展，需要的职能越多，这时灵活性和任意性显得格外重要，能够快速地补齐社会的迫切需求。

而这个时候，以灵活性著称的个人经济体就成了快速满足需求的主力军，成为社会肌体运行的润滑剂，在极端情况下，他们甚至会被推向拯救者的角色。比如2020年武汉抗疫过程中的外卖小哥、快递小哥、网约车司机，在那一刻，他们不仅是方便人们日常生活的服务者，还是这座城市的守护者、摆渡人，甚至是和时间赛跑的拯救者。

2020新年伊始，在万家团聚的时刻，一场新型冠状病毒疫情大规模暴发，并迅速席卷全球。

武汉也受到这场疫情的波及。为了遏制疫情蔓延，武汉紧急封城。全城停摆，一切都仿佛被按下了暂停键。虽然城封了、路空了，但这座城市里仍有上千万人要生存下去，还包括许多从外面进来救援的医务人员。

“我没想太多，只想用自己的力量去为这个城市做点什么。”电影《中国医生》中外卖小哥的原型之一赵彬在封城后，每天从早跑到晚，顾不上吃饭，也顾不上休息，“因为在这个不能外出的城市里，有太多医务人员和老百姓需要通过我们来维持正常生活了”。

后来记者问赵彬怕不怕，他腼腆地回答：我有父母、老婆、孩子，也怕被感染。不过看着这个熟悉的城市面临最大的考验，看着那些从外地奔向最危险城市的志愿者，我觉得我不能退。

那个时候，像赵彬一样坚守的个体，并没有特别的防护，只有公司发的普通口罩。防疫物资短缺的情况在早期并不鲜见，网约车司机志愿者肖肖曾经把一件一次性防护服穿了10天，司机邱岳刚开始工作时只有口罩防身。

“我本来想的是把防护都做好，我感染的概率可能并不高，但第一天送完之后，发现并没有防护物资，可能连口罩都不能满足。”快递小哥汪勇穿梭在武汉的大街小巷，接送金银潭医院的医务人员上下班、当采购员替他们跑腿买各种日用品。

当时，金银潭医院的医务人员需要接送，如果没车的话，步行需要4个多小时。汪勇自告奋勇开着车接送医务人员上下班，从大年初一到正月十三，每天要接送大概60人次：“我算过一笔账，如果一个医务人员每天上下班走路是1个多小时，一天我能节省60个小时，就算10天之后我真的倒下了，600个小时，他们应该能救至少10条人命，怎么算我都是赚的。”

和汪勇抱着相同想法的还有滴滴司机杜勇，他和一大批网约车司机成为志愿者，保障两条重要的运输线运转：接送医务人员上下班、满足社区居民的基本用车。

“我们每次给隔离在家的居民送菜的时候，都能看到他们那种很渴望的眼神，但又不能跟他们有过多的交流。”杜勇在武汉封城期间遇到过很多突发状况，他曾紧急带着即将临盆的孕妇从社区赶往医院，也曾悲伤地送一对夫妻到汉口殡仪馆见去世的父亲最后一面。

在武汉“封城”之后，数以千计的志愿司机成了这座城市运输线的重要组成部分，他们在当地被称为“摆渡人”。当时，滴滴出行武汉社区保障车队共召集了1336名志愿司机，他们从1月24日开始在当地服务，截至2月9日已经接入15家医院，25个院区，8600多名医务人员。

在危难时刻，这些摆渡人凭着凡人之躯送医送药，送米送菜，甚至带着病人找医院，他们保障这座城市的运转，帮助危难中的人，协助医务人员打赢了这场疫情保卫战。

在社会稳定时期，我们轻松享受的数字便利，也是由这些个人经济体在背后默默托起的。除了李佳琦、罗永浩这些超级个人经济体外，在我们身边存在着成千上万容易被忽视的小而美的个人经济体，他们为了不让我们的日常生活停摆而紧踩链条，使用数字工具推动各自领域的数字化应用。这些如毛细血管般存在的个人经济体，在很多领域打通了你我他生活供应的“最后一公里”，让社会运转得更加顺畅，他们产生的社会价值是不可估量的。

向上的社会力量

> 这些为生活、为梦想不断拼搏努力的个人经济体，他们身上散发着一种奋发向上的力量，这种力量是一个民族的希望，也是实现大国梦的精神内核。

日本著名管理学家、经济学者大前研一在《低欲望社会》一书中这样描绘日本的现实：“日本年轻人没有欲望，没有梦想和干劲，日本已经陷入了低欲望社会。”

“平成废宅”“啃老族”“宅文化”“茧居一族”“御宅一族”“佛系青年”“躺平”等网络流行词在日本社会应运而生。

很多社会学者和经济学家都发出这样的疑问：日本究竟是怎样从“昭和男儿”变成“平成废宅”的？

仿佛从1990年开始，有很大一部分日本人失去了从前的斗志，他们不结婚，不生孩子，不愿意工作，甚至不出门，很多人直接啃老……东京的一家机构对1000名日本首都圈的年轻员工做了一项调查，调查结果显示，非常想出人头地的只有12%，没有执念和完全没有兴趣的加起来达59.2%。

大前研一在《低欲望社会》的封面标注：丧失大志的时代。这个庞大的“躺平群体”对日本社会产生了什么样的影响？

日本很多学者说，这种现象正在损害日本经济的未来，甚至已经上升到“关乎国家是否能够维系下去的社会危机”的高度。

我国的情况与日本形成鲜明的对比。尽管近年来“躺平”“内卷”“考公”“逃离北上广”“焦虑”等议题成了社会讨论的热点，但是复旦发展研究院传播与国家治理研究中心联合多家机构发布的报告显示，75.0%的青年网民群体表现出“积极的奋斗取向”。

1992年，美国学者弗朗西斯·福山撰写的《历史的终结及最后之人》（*The End of History and the Last Man*）一书表示：西方体制是“人类意识形态发展的终点”，也是“人类最后一种统治形式”。可是30年不到，非西方体制阵营的中国迅速从一穷二白发展成全球第二大经济体，福山的观点沦为历史笑话。

中国奇迹是怎么创造出来的？完全是靠中国人民用一双双手建设起来的。因此对于中国的崛起而言，不断奋斗、向上的精神才是保持发展势头的关键。

这其中，最具代表性的是以个人经济体为代表的奋斗群体。凭借一句“Oh my god！买它！”频频创下销售奇迹的“口红一哥”李佳琦，365天直播389场，6小时的直播试了380支口红，每天要工作到凌晨三四点才下班，不直播的时候忙着挑选产品，忙着记住各种产品的特性，因为李佳琦直播时从来不用提词器，所有产品必须记在脑海中；风里雨里、使命必达的外卖小哥、快递小哥……这些个人经济体的奋斗也是中国年青一代奋斗的缩影。

数据显示：我国73.2%的青年网民相信“努力有用”，62.8%的人表示“具有较高的发展效能感”。不管是为了实现内心的梦想不断努力的任莉莉，还是为了生存不断穿梭在大街小巷送快递的阿辉，他们身上都散发着一种奋发向上、努力拼搏的力量，这种力量是一个民族的希望，也是实现大国梦的精神内核。

第二节

个人经济体呼唤新治理

与新业态、新模式共生的个人经济体，未来如何行稳致远，关键仍在于如何与政策和平台协同发展，因此迫切需要政府相关监管政策、帮扶政策的出台，来规范、指引个人经济体的发展。

两年前，网上流传着一则关于“要求电商企业进行自查，补缴3年税款”的传闻。这个消息急坏了当时在广州做母婴生意的微商林丽，“我们不是不想交，是压根不知道怎么查、怎么交”。好在随后国家税务总局发文严禁征收“过头税费”，但这件事依然暴露出个人经济体缺乏政府部门引导、缺乏完整培训机制的现状。

目前，个人经济体还处于发展的初级阶段。可以肯定的是，随着这些个人经济体的出现，原有的市场结构将会发生变化，市场需求也会随之变化，并催生出许多新业态和新模式。与新业态、新模式共生的个人经济体，未来如何行稳致远，关键仍在于如何与政策和平台协同发展，因此迫切需要政府相关监管政策、帮扶政策的出台，来规范、指引个人经济体的发展。

个人经济体也可以拥有“新职业名称”

2022年7月，人力资源和社会保障部向社会公示了新修订的《中华人民共和国职业分类大典》，与2015年版大典相比，新版大典增加了法律事务及辅助人员等4个种类、数字技术工程技术人员等15个小类、碳汇计量评估师等155个职业。

2020年，刚毕业的小李依托家里的海鲜档生意，在“闲鱼”上开了个账号，打算“赚个饭钱”。没想到，才开了不到半年，就卖出了20万元的海鲜。然而，从小打小闹到买卖开始有了一点规模的小李有些困惑：“作为新手，我们迫切需要一些专业的培训，尤其是行业规则的培训。”

平台和政策常常先关注到“老虎”“狮子”，而忽略了体量较小的“野兔”。这无可厚非。近年来，个人经济体的关注度越来越高，对于这些蓬勃发展的“野兔”而言，正确的引导是他们嗷嗷待哺的养料。

一些平台看到了“野兔”的潜力。闲鱼发布“闲鱼玩家计划”，提供10亿元资源包，帮助有粉丝经营能力的个人卖家分享生活态度，孵化个人品牌，以更低的门槛成为大学生创业第一站；自2020年3月以来，抖音也推出一系列扶持政策：零门槛、低佣金开通小店；支持新个体入驻；结合线上培训课程+线下产业带招商会扶持计划，培训新个体从业者如何开通小店进行直播带货……

就像野兔一般，这些个人经济体在市场经济中表现出旺盛的活力，常常能让人眼前一亮。但是，在弱肉强食的草原上，他们还在一定程度上缺乏自我认同感和社会认同感。

林丽对此深有感触。一开始，林丽只是在QQ空间上发发照片卖货，那个时候还没有微商这个称呼。后来，林丽的生意越做越大：“一跟家里人说自己是做微商的，大家就觉得我好像不务正业一样，我憋着一口气，就想得到家人朋友们的认同。”

为个人经济体“正名”，是完善个人经济体各项权益、提升其社会认同的关键。好在，林丽期待的政策也陆续而来。2022年7月，人力资源和社会保障部向社会公示了新修订的《中华人民共和国职业分类大典》，与2015年版大典相比，新版大典增加了法律事务及辅助人员等4个种类、数字技术工程技术人员等15个小类、碳汇计量评估师等155个职业。

表8-1　2015—2021年我国发布的新职业

批次/时间	新职业	特征
第一批（13个）2019年4月	人工智能工程技术人员、物联网工程技术人员、大数据工程技术人员、云计算工程技术人员、数字化管理师、物联网安装调试员、建筑信息模型技术员、电子竞技员、电子竞技运营师、无人机驾驶员、农业经理人、工业机器人系统操作员、工业机器人系统运维员	（1）产业结构升级催生高端专业技术类（如人工智能工程技术人员等） （2）数字技术赋能引发传统职业变迁类（如无人机驾驶员等） （3）信息化广泛应用衍生类（如数字化管理师等）
第二批（16个）2020年2月	智能制造工程技术人员、工业互联网工程技术人员、虚拟现实工程技术人员、连锁经营管理师、供应链管理师、网约配送员、人工智能训练师、电气电子产品环保检测员、全媒体运营师、健康照护师、呼吸治疗师、出生缺陷防控咨询师、康复辅助技术咨询师、无人机装调检修工、铁路综合维修工、装配式建筑施工员	
第三批（9个）2020年7月	区块链工程技术人员、城市管理网格员、互联网营销师、信息安全测试员、区块链应用操作员、在线学习服务师、社群健康助理员、老年人能力评估师、增材制造设备操作员	

续表

批次/时间	新职业	特征
第四批 （18个） 2021年3月	集成电路工程技术人员、企业合规师、公司金融顾问、易货师、二手车经纪人、汽车救援员、调饮师、食品安全管理师、服务机器人应用技术员、电子数据取证分析师、职业培训师、密码技术应用员、建筑幕墙设计师、碳排放管理员、管廊运维员、酒体设计师、智能硬件装调员、工业视觉系统运维员	

资料来源：人力资源和社会保障部。

恩格斯在《家庭、私有制和国家的起源》一书中指出，在从野蛮时代向文明时代发展的过程中，出现了三次社会大分工，与此同时催生了畜牧业、手工业、商业。随着社会生产力的提升，第三产业兴起，当铺业、旅馆业、广告业、说媒业、修理业、个人服务业、文体娱乐业等应运而生。在这些更迭的产业和层出不穷的新兴职业背后，是无数个人经济体的聚合。

为新职业正名能够让公众对行业有更加积极、正面的认知，也能够为个人经济体打开新的就业空间。从以往的情况来看，在人力资源和社会保障部公布了新职业之后，就业市场就会做出相应的反应。举例来说，2019年公布数字化管理师这个新职业之后，市场上对于高技能数字化管理师的需求一直在增加，不少人的年薪也有所上涨。

政策正名之下，个人经济体的热潮还在延续。2020年人力资源和社会保障部中国就业培训技术指导中心联合阿里钉钉发布的《新职业在线学习平台发展报告》显示，96%以上的职场人士希望学习新职业。未来5年，新职业的人才需求规模庞大，预计需要农业经理人近150万人、电子竞技员近200万人、电子竞技运营师近150万人、无人机驾驶员近100万人。

但与之相关联的是，许多个人经济体所在的新职业的职业标准、行业规范等都还不够完善，职业培训及发展环境也都不够成熟。尤其是社会保障方面，一些个人经济体是灵活就业形态，基于传统用工状态和劳动关系下的社会保障制度，尚不能对这部分人群起到该有的保障作用，这些掣肘个人经济体发展的问题都应纳入相关部门的政策视野。

要想让个人经济体这一吸纳就业的“蓄水池”越来越大，就要进一步提升职业的社会认可度，完善教育培训体系，让更多有意愿成为个人经济体的劳动力有能力、有渠道参与进来。

与此同时，个人经济体在实践中往往还会带动很多新业态、新模式、新探索的出现，那么政策层面也要为个人经济体创新创业预留足够的空间。比如，应针对个人经济体发展中出现的消费及维权问题，拿出新的解决方案。这就需要监管部门打破惯性思维，根据个人经济体的特点，跟进完善相关服务和监管措施。

个人经济体需要政策护航和监管

政府应以适当的制度设计对此进行规范，以保障新个体经营者的合法权益。

如本书前文章节所述，骑手、网约车司机、主播等众多的个人经济体都与平台企业密切联系、相互依存。在个人经济体发展的过程中，他们相对于平台企业来说始终处于弱势地位，因此，政策与平台对个人经济体自身的保护是必不可少的。

新个人经济体是在数字技术影响下由传统意义上的个体经济进化而来的，因而不可避免地带有个体经济的若干基本特征。

这些个人经济体，有的是从传统个体经营者转化而来的，有的则是从传统就业形态中游离出的再就业劳动力，还有一些暂时无法实现正规就业的新增劳动力，他们在劳动力市场中同样处于弱势地位。

与个人经济体相比，平台企业在很多场合下天然占据着生产要素、技术和规则优势。如今，一些平台企业之间存在恶性竞争、扰乱市场秩序、逃避对新个体经营者的责任和义务等行为，特别是在互联网出行和外卖配送领域，直接融资和市场份额不断向头部平台企业集中，而许多新个体经营者的工作环境却未能得到明显改善。

据《经济日报》报道，直播带货领域已经形成了由购物平台、自媒体平台、多频道网络机构、商家和主播组成的生态链，一场直播的佣金一般为销售额的20%～30%，其中直播平台扣除6%左右的服务费，电商平台扣除10%的平台费，主播扣除团队服务成本后的利润可能不到10%。在背后资本力量的加持下，新个体主播队伍迅速两极分化，只有少数人在扣除平台和机构的佣金之后依然能保持盈利，而多数主播处于亏损状态。

平台的存在本是作为载体让个人经济体得以享受互联网经济的红利。但是资本的野蛮生长会冲击正常的市场秩序，破坏平台企业的健康发展，损害新个体经济的良性发展环境。在个人经济体发展的过程中，应当防止平台企业将自身利益凌驾于包括新个体经营者和社会大众在内的生产者与消费者的利益之上，避免出现破坏市场规则和秩序的行为。

由于生产场所的无限分散，平台企业在规则制定上占据着天然优势，个人经济体在许多场合难以作为一个整体与平台进行劳动权益方面的协商。因此，政府应以适当的制度设计对此进行规范，以保障新个体经营者的合法权益。与此同时，政府应当积极引导并督促平台企业自觉履行相关责任和义务，并将其纳入现有的劳动保障监察体系。

此外，一些个人经济体目前还处于社会保障的覆盖范围之外，为此，应完善社保缴费机制，打破不同平台间多点从业产生的社保缴费障碍。

在政策的护航之下，我们仍可期待更多敢想敢闯的劳动者在个人经济体的无边海域直击风浪，直抵属于自己理想人生的彼岸。

参考文献

1. 杰里米·里夫金. 零边际成本社会：一个物联网、合作共赢的新经济时代[M]. 赛迪研究院专家组，译. 北京：中信出版集团，2017.

2. 杰里米·里夫金. 第三次工业革命：新经济模式如何改变世界[M]. 张体伟，孙豫宁，译. 北京：中信出版社，2012.

3. 罗振宇. 迷茫时代的明白人[M]. 北京：北京联合出版公司，2015.

4. 尤瓦尔·赫拉利. 人类简史：从动物到上帝[M]. 林俊宏，译.

北京：中信出版集团，2017.

5. 马修 · 鲍尔.元宇宙改变一切[M]. 岑格蓝，赵奥博，王小桐，译. 杭州：浙江教育出版社，2022.

6. 吴声. 超级IP[M]. 北京：中信出版集团，2016.

7. 张笑恒. 抖音崛起：让字节跳动的王牌产品成长史[M]. 北京：中国经济出版社，2021.

8. 张笑恒. 张一鸣：让字节跳动的创业哲学[M]. 北京：中国经济出版社，2021.

9. 大前研一. 低欲望社会[M]. 姜建强，译. 上海：上海译文出版社，2018.

10. 迟玉德，沈伟民.“个别企业家”，吴晓波[J]. 经理人，2017（4）.

11. 阿尔法工场.凯文 · 凯利:下一个5000天的12个大趋势[EB/OL]. (2022-02-17). https:/baijahao.baidu.com/s?id=1724988579434994541&wfr=spider&for=pc.

12. 许婧. 混知创始人陈磊:做漫画式科普　别开生面“讲”知识[EB/OL]. (2022-07-13). https://m.chinanews.com/wap/detail/cht/zw/ft9802438.shtml.

13. Forbes China.“种草女王”黎贝卡：为女性打造美好生活矩阵[EB/OL]. (2020-07-25). https://www.forbeschina.com/ife/50395.

14. 界面新闻.得到App为什么要“杀死”罗振宇[EB/OL]. (2019-06-04) .https://baijiahao.baidu.com/s?id=1 635376451820919451&wfr=-spider&for=pc.

15. 丁舟洋，温梦华. 讲书人樊登：我不会刻意放慢个人IP的成长，去迎合那把尺子[N]. (2022-01-20). http:/aijijhao.baidu.com/s?id=1722439712346573860&wfr-spider&for=pc.

16. 王叁. 罗振宇，没能“得到”IPO[EB/OL]. (2022-08-05). http://iew.inews.qq.com/a/20220805A048E100.

17. 杰弗里 · 桑普勒. 成功的平台，不能只是中介[EB/OL].(2019-06-13). http://www.ceconline.com/strategy/ma/8800100183/01/.

后记

历时5个月，会聚近10人的研究团队，终于顺利完稿。

付印之际，得到著名经济学家范恒山先生和人文财经观察家、“秦朔朋友圈”创始人秦朔老师的推荐，备感荣幸。

范恒山先生在经济改革与发展理论研究方面造诣深厚，出版过多部专著，并历任国务院经济体制改革办公室综合司司长、国家发展改革委综合改革司司长、国家发展改革委副秘书长等。这位经济改革理论大咖的推荐语是：

“个人经济体”具有鲜明的新时代印记。这种基于科技成就与组织模式创新的经济形态，为创业者提供了十分优厚的社会红利。对典型案例的剖析及成功经验的总结，不仅有利于转换社会就业观念，也能为这种经济形态的拓展、支托、规范和管理提供有益参考。这也许就是本书的价值所在。

——范恒山

秦朔老师是公众熟知的媒体人，更是著名的新商业文明和人文财经观察者，不管是其主持的《南风窗》《第一财经日报》，还是“秦朔朋友圈”，对新商业文明的观察和人文财经的剖析，总是那么富于洞见：

“个人经济”自古就有，而个人能够成为“经济体”，则是在现代社会，经由全球化、信息化、服务化、IP化、社交化、平台化等的助力之后，形成的一种新经济与新文化现象。《个人经济体：如何抓住时代红利，成就个人财富人生》一书对此进行了深入研究，值得关注。

——秦朔

“个人经济体”确实是秦朔老师说的“新经济与新文化现象”。而对这种现象的研究，则源于身边的朋友。

我有很多自谋职业的朋友，有的优秀，有的平凡，许多朋友还曾如罗振宇举办“时间的朋友”跨年演讲一样，举办过许多次万人演讲会。

白天不管经历了万众拥戴还是默默无闻，夜深人静的时候，他们经常会追问自己：我到底是谁？

我挺理解他们的彷徨的。

当年明月因写《明朝那些事儿》声名大噪，甚至版税就达4100万元，但他也是白天在广东顺德海关缉私局老老实实上班，晚上才去码字。2009年央视《面对面》节目对他做专访，他袒露了心声："得有一份正经的工作。"

这就是自谋职业者彷徨的根源。

所谓正经的工作，应该是有个单位，自己去做雇员，或者是老板。否则，那是“不正经的工作”。这是绝大多数中国人根深蒂固的理解。

问题是，许多人既不是雇员，又不是老板，但他们切切实实在工作，甚至还很牛，收入也不菲。

那他们到底是谁？

个体？个体户？个体工商户？自由职业者？灵活用工务工人

员？好像是，但又不是。很显然，他们是个体，但他们所整合的资源和创造（或可以创造）的业绩或影响力，远远大过这些概念。

企业家？好像是，但又不是。例如，罗振宇的跨年演讲，一夜可营收4300万元，但离开了罗振宇，业绩会马上归零。而罗振宇旗下的得到App，即便离开了罗振宇也会照样经营下去。

那他们到底是谁？

作为一个资深品牌人，我在思考，是否有一个新的定位，帮他们厘清身份，以免名不正、言不顺，也避免对其的社会评价和社会管理莫衷一是。

作为一个商业战略顾问，我更想探究，这个新经济物种有哪些特征、他们的成功是否有规律可循，并想去探究这个新经济物种诞生的时代土壤以及其与赖以生存的平台的关系，更想去引发一种思考：该如何对这种新经济物种进行更有效合理的社会管理和评价——就像一个新物种刚来到地球一样，他们会遭遇诸多挑战，例如有的人会陷入传销或非法集资的泥潭，有的会陷入税务风波，有的会陷入用工或产品品质风波。是他们出了问题，还是社会管理在新经济物种面前失措？

今年上半年在深圳，与好友梅总喝茶时，无意中聊到了一个词——“个人经济体”。突然觉得这五个字有种魔力，隐约觉得这五个字也许就是我要找的答案。我当时就提议，应该就“个人经济体”做系统化研究，并出一本《个人经济体》专著。

梅总思想前卫，正在做一个Web3.0平台，会聚了不少人在平台上。我还提议，出一本《Web3.0时代的个人经济体》的专著，讨论个人经济体如何在Web3.0时代创业、Web3.0平台如何赋能个人经济体，不但会更加应景，也是为Web3.0时代做一件开创性的事情。

这要特别提到一个人——小女王一诺。有一次我和同行的王晓梅小姐交流《个人经济体》一书的构思，同车的这位12岁少年郑重提醒我：“你要写一章《元宇宙里的个人经济体》，否则你这本书没年轻人看。”

后来《个人经济体》一书中，还真有一个章节就是《元宇宙里的个人经济体》。

其实我特别需要商业实践伙伴，以免纸上谈兵。后来又找到罗叔。这是位连续创业者，曾经打造过多个创业平台。我给他发了5条短信谈我的想法，他马上回复说：这个有意思，见面聊。见面第一句话就是：“我其实蛮喜欢文化的。”5条短信加10分钟的谈话，便确定了由他提供商业实践和实战解读。

我还需要一位文字方面的帮手和我一起写作。于是又找到了彭甜甜。她曾经是《第一财经日报》的产经记者，后来做了立白集团的公共关系副总监和可靠股份公共关系总监，深谙产业观察和思考，文笔绝佳。两人一拍即合，后来在创作时期，我们经常能够观点互补，引发共鸣，然而在后期的编稿过程中，会因为表达方式的不同而引发争论，特别像曾经报社选题会上的大辩论。如果当时做成直播，估计会火。不过最终大家能够求同存异，达成一致的意见。

就这样，罗叔、彭甜甜和我组成了三驾马车，各展所长，成为本书的三位作者。

而这绝不是三个人的成果，本书从筹划、调研、撰稿到成书出版，汇聚了众多朋友的力量。

首先要感谢暨南大学经济与社会研究院副教授卢晶亮。这位主攻劳动经济学的博士，以其丰富的理论知识和中西结合的研究实践，给我们提供了丰富的理论指导。

还有中山大学的康鹏胜博士。他曾是我在中大读书时的班主任。康老师对中大校友的工作特别支持，多次参与研讨，并帮我们联络各方资源，在此特别感谢。

还要感谢《羊城晚报》财经记者孙绮曼、《21世纪商业评论》前记者姜中介和新浪广东财经新闻部原主编、星河湾集团品牌部副总监刘俊等小伙伴，大家共同组成了研究小组，充分发扬媒体人的调研精神，为本书做了大量调研工作，也为成稿付出了大量的努力。

我们的小伙伴毛文君全程给予强大的后勤支持，并为本书做了精美的设计。而我多年的好兄弟韩明仁和赖寿全，不但给予后勤支持，还奉献了许多商业智慧。

在此，尤其要感谢广东经济出版社的冯常虎总编辑和刘亚平编辑。从选题策划到最终出版，他们在每个环节上都付出了大量心血，使本书在不断修改中走向成熟和完善。

现在回到开篇之问：他们到底是谁？

很显然，他们超越了“个体经济”，成为“个人经济体”。

“经济体(economy)”原本是指对某个区域的经济组成进行统称和划分。经济体一般是指一个地区，如中国台湾地区，或地区内的国家群体，如欧盟、东盟等。但如果把罗振宇所进行的经济活动划归为一个“区域”或“领域”，你就会发现“个人经济体”现象——以一人之力，上下链接各种社会资源并形成生产要素，包括策划、内容生产、宣传发行、招商、门票销售、舞美执行、网络直播、安保等。这些资源的总和，聚合成了一个庞大的“经济体”。这个“经济体”既不是一个地区，也不是一个平台，而是切切实实围绕“个人”组合而成的经济形态。

从一个词到一个概念，再到一本书，只是开始。我们正在和广东经济出版社等机构一起谋划，将“个人经济体”做成系列研究课题，在本书的基础上，进一步解构个人经济体成功密码，探究如何打造个人经济体最佳创业平台、平台如何赋能个人经济体并解读平台在这方面的社会价值、如何做好个人经济体的社会管理等。

范恒山先生的推荐，正道出了我们持续努力的方向，希望更多朋友参与进来，“不仅有利于转换社会就业观念，也能为这种经济形态的拓展、支托、规范和管理提供有益参考”。

王万军

2022年11月23日于广州

资本主义市场经济正逐渐离我们远去，尽管这一进程并不迅速，却是大势所趋。与此同时，一种改变我们生活方式的新型经济体制应运而生，它就是“协同共享”（Collaborative Commons）。协同共享是一种新经济范式。21世纪上半叶，协同共享伴随着资本主义市场经济蓬勃发展，并且已经开始改变我们组织经济生活的方式。

——杰里米·里夫金（Jeremy Rifkin）

（《第三次工业革命》《零边际成本社会》作者）

自圈地运动兴起的资本主义革命把广大的社会资源圈成“你的”“我的”和“他的”……协同共享让知识产权（物权）的概念变得更加开放，让“你的”“我的”和“他的”不再泾渭分明，让生产者和消费者合二为一。

——罗文

（工业和信息化部原副部长）

“一种新的疾病在折磨我们，某些读者也许还没有听说过它的名称，不过在今后几年内将听得不想再听，这种病叫作技术性失业（Technological Unemployment）。”技术性失业是指由于技术进步，机器和设备代替人的趋势加强，对劳动力需求相应地减少，造成局部的劳动力过剩从而引起的失业现象。

——约翰·梅纳德·凯恩斯（John Maynard Keynes）

（英国经济学家、宏观经济学之父）

这是网络个人经济的开始，新经济的单位不是企业，而是个体！

——《哈佛商业评论》

经济学家发现，全新的东西很少，大多数创新都是现有事物的重新组合。这种重组就是我这里所说的重混（Remixing）。做重组或者重混时，首先要做一个拆解，把它拆解成非常原始的状态，再以另外一种方式进行重组，之后不断进行这样的循环，就像你把乐高拆开后再组装。

——凯文·凯利（Kevin Kelly）

（《连线》杂志创始主编、畅销书《失控》作者）